大展好書　好書大展
品嘗好書　冠群可期

大展好書　好書大展
品嘗好書　冠群可期

體育教材：17

抗阻
組合訓練

李建臣　周建梅　譚正則　主編

附DVD

大展出版社有限公司

編委會名單

主　編

　　李建臣（首都體育學院）

　　周建梅（首都體育學院）

　　譚正則（首都體育學院）

副主編

　　文世林（首都體育學院）

　　龐　博（首都體育學院）

　　朱　軍（北京市朝陽區西直河小學）

　　任　越（首都體育學院）

編　委

　　王丹彤（河北師範大學）

　　王新寶（江西師範大學）

　　白廣娜（北京市豐台區草橋小學）

　　劉明燦（中國民航大學）

　　劉彧秀（首都體育學院研究生）

　　閆　娟（首都體育學院研究生）

　　李文冰（海口經濟學院）

李幸幸（浙江育英職業技術學院）

李娜娜（首都體育學院研究生）

宋杰峰（首都體育學院研究生）

楊　陽（首都體育學院研究生）

肖歡歡（洛陽職業技術學院）

何瑞華（首都體育學院研究生）

張　凱（首都體育學院本科生）

張曉萌（北京教育科學研究院舊宮實驗小學）

趙　夢（北京市朝陽區第十六中學）

姚雅美（天津市第五十五中學）

徐　翔（北京市公安局特警總隊）

高芳瑞（首都體育學院研究生）

常麗超（首都體育學院研究生）

梁　瑛（江蘇大學）

溫燕子（北京市第九中學）

前言
FOREWORD

　　功能性抗阻組合訓練作為運動功能性訓練中一種特殊的訓練，能有效地將神經系統和肌肉骨骼系統聯繫起來，突出神經系統對肌肉骨骼系統的控制，加強神經系統對其他系統的支配。

　　透過拉展緊張的肌肉、增強無力肌肉的肌力和改善全身的健康狀況來重新訓練身體，使身體更好地適應各種運動，對神經系統控制動作的完成起到積極促進作用。其簡便性、實用性和有效性已得到業內人士的充分肯定和贊譽，業已展露在國外競技訓練、康復治療和大眾健身等領域。

　　近年來，功能性抗阻組合訓練作為現代運動功能性訓練的重要組成部分被引入國內，但我國大多數教練員對功能性抗阻組合訓練的認識尚處於初級階段，顯然功能性抗阻組合訓練在運動訓練領域還是一個待深入研究的課題。

　　由於國內系統介紹專門性功能性抗阻組合訓練方法和手段的資料較為少，而且指導影音也相對匱乏，因此在各個領域中的應用需求尚未得到滿足。

　　本書設計了多種抗阻訓練，開展了實用、高效、易學的體能訓練方法和手段，為廣大讀者介紹功能性抗阻組合訓練的基

本原理和體能訓練基礎知識，以圖文並茂的形式介紹了各種練習的目的、方法和要求，希望能在體育教學、運動訓練、大眾健身等領域得以參考與應用。

本書由李建臣、周建梅和朱軍（北京市朝陽區西直河小學）對全書進行了統一串編定稿，譚正則負責本書的動作構思與設計。

由於作者水準有限，書中難免存在不足之處，歡迎廣大讀者批評指正。

編者

目錄
CONTENTS

抗阻組合訓練

理論篇
抗阻訓練概述

抗阻組合訓練

■ 抗阻訓練的理論基礎

（一）抗組訓練的內涵

抗阻訓練是一種完全憑藉自身力量克服一定的外界阻力的運動。這個阻力包括很多種類，如來自別人、身體本身、專門的運動器械、槓鈴片、小啞鈴、沙袋、彈力帶等，是加強肌肉力量和肌肉耐力的最主要的手段。

按照肌肉的收縮方式，抗阻力運動可分為靜力性收縮活動與動力性收縮活動。動力性收縮活動又包括固定負荷和不固定負荷的抗阻訓練。它們也都是能夠增強肌肉力量和肌肉耐力的，並能夠對肌肉產生不同的刺激效果。

由於動力性抗阻運動這種運動形式與我們正常的生活活動是最為類似的方式，因此我們極力推薦身體健康的人以動力性抗阻運動為其運動方式，而我們所設計的抗阻組合方法手段就是動力性的收縮活動，因此要廣為推薦。

（二）抗組訓練的突出功效

美國體能協會（NSCA）認為，運用合適恰當的方法堅持系統的抗阻練習能夠提高身體的最大力量、耐力、爆發力，並能增大肌肉體積。

科米在一篇文章裡提出抗阻力跑加強了肌肉的離心負荷能力，在肌肉中儲蓄了比其他運動都要多的彈性能量，大大增加了肌肉的爆發力。

抗阻力跑在提高短跑運動員的最大力量和爆發力方面是十分有效的，對發展運動員髖、膝、踝三個關節的伸肌力量和大腿的擺動力量也有很大作用。依據短跑運動技術與專項力量訓練這兩種原則，抗阻力跑很接近於短跑技術，其訓練所增加的力量更容易向短

跑方向遷移，而且是比較安全的訓練方式，這個訓練手段對於提升短跑運動員成績來說是相當有價值的。

而我們所研究的抗阻組合訓練方法手段用到的抗阻速度訓練器是使練習抗阻力比其他器械更加便捷、有效、安全的器械。

（三）抗組速度訓練器的優勢

抗阻速度訓練器提供了可調節的阻力訓練模式，可以直觀顯示阻力的大小，水平運動就可以獲得練習者需要的阻力，極大地豐富了訓練的方法手段。

不管對於運動員訓練還是學生上課，抗阻速度訓練器都是比較新穎的運動器材，我們在學校拍攝視訊時經常會有好多同學過來詢問並想要嘗試一下，包括我院在進行「國培計劃」時，好多老師感興趣更是紛紛過來嘗試。

從古至今，興趣對學習的作用是被好多教育家認可並重視的。孔子云：「知之者不如好之者，好之者不如樂之者。」陶行知的觀點為，興趣可以促使學生全力以赴地去做事，並以此為樂。同樣，國外的赫爾巴特的觀點為，人的興趣有很多，就應該把這些興趣作為教育的基礎。然而，教師要把這些作為教育的基礎，教師要把引發和培養學生興趣的多樣性作為一項工作任務。

可見當人們對抗阻速度訓練器產生很大的興趣時，必將會對它的廣泛運用起到一個強大的推動作用。

⬛ 抗阻組合訓練方法手段設計的基本原則

1. 循序漸進的原則

在這些動作中會有比較簡單、運動量比較小的動作，也會有難度比較高、運動量比較大的動作；我會建議從走步動作開始練習，

然後是跑步動作的練習，最後再做跳步動作。

走步動作除了運動量比較小，動作難度相對也較小，而跳步動作會涉及到起跳、伸展，除了運動量比較大，對身體的柔韌性和控制力要求也會較高。當然，其中每個種類的動作也會有難易之分，同樣也要先簡後難。

2. 分模塊原則

訓練方法手段分了不同的部分，第一部分，抗阻速度訓練器結合田徑基本步法及起跑加速練習；第二部分，抗阻速度訓練器結合田徑專項的抗阻組合練習；第三部分，抗阻速度訓練器結合花樣走、跑、跳及上肢的抗阻組合練習；第四部分，抗阻速度訓練器結合其他器械的抗阻組合練習（第一類，結合實心球的練習；第二類，結合低欄架的練習；第三類，結合軟梯的練習；第四類，結合彈力帶的練習；第五類，結合槓鈴桿的練習；第六類，結合小啞鈴的練習）。

3. 選擇性原則

這些動作不一定適合每個人，不同的人做動作的效果也會有所不同。同樣，想達到不同的目的，也會選擇不同的動作方法，本文動作方法比較多，可提供不同的選擇。分模塊訓練為我們的選擇也提供了方便。

4. 全面發展力量素質的原則

本文動作方法手段的種類相對較多，這在上述分模塊原則裡也有所體現，練習部位比較全面（如上肢、腰、下肢等）但由於抗阻速度訓練器只能在行動中進行，伸出的拉繩沒有彈力，所以為了要全面發展素質彌補這個缺點，我們還結合了不同的運動器械，而且基本上同一個動作在方便使用訓練器的前提下，都會設計前後左右

不同方向的運動阻力的不穩定性訓練。

　　不穩定性主要存在於涉及動作途中進行加速跑的方法手段，當要進行加速的瞬間迅速將阻力調整到最小阻力「2」，這種訓練方法就是將參與工作的所有肌群高強度迅速收縮和快速收縮結合起來，使正在運動的肌群將蹬伸和擺動所產生的力量傳遞到高速的奔跑當中，進而使中樞神經系統的興奮度提高，並且使肌肉系統的收縮頻率和放鬆的頻率得到抑制。

　　除此之外，由於在快速的抗阻跑中，突然把阻力調整為「2」（理論上這個阻力對於一般人的作用都微乎其微，基本對身體沒什麼刺激），從而可以使人體達到「超速度」的運動狀態，這對於改變原來的速度動力定型和克服「速度障礙」，均能起到良好的訓練效果。

5. 完整性原則

　　不管是練習前的準備活動還是訓練後的放鬆練習，對於練習者都是非常重要的，除了預防肌肉拉傷以外，練習效果更會事半功倍。準備活動基本都可以做到，但放鬆練習卻總是被人們所忽視，在生理學的研究中證明：運動後積極做好放鬆活動，對加快疲勞的消除，調整身體內臟器官與心理放鬆都非常有效。

　　放鬆活動的品質怎樣，直接關係到的就是運動水準能否提高、學習效率的高低，以及學生或者運動員身體與心理能否健康發展。

三 抗阻速度訓練器阻力的選取及其重要性

1. 怎樣調整阻力

　　在訓練器的液晶顯示器中可直觀顯示阻力大小，左右轉動訓練器右上方的紅色（或用遙控器上的）按鈕就能調整繩索阻力的大

小，按鈕順時針方向轉為加大阻力，反之減小阻力。只要運動需要，阻力允許在任意時間進行調整。

2. 如何選擇合適的練習阻力

練習目的不一樣，選擇的阻力也就不一樣。如練習目的是提高最大的絕對速度，建議把體重 5%～8% 的阻力作為常用的負荷，或是調低正常跑速的 11%～12%，這樣就能更好地提高腰肌、腹肌、下肢的伸屈肌的力量，也會對髖、膝、踝三個關節周圍的小肌群力量產生一些作用，使後蹬力量有所提高，降低了與地面接觸的時間。

訓練目的如果是發展起動的加速能力，就要先用中等阻力進行起動，然後迅速將阻力調為最低來達到最快加速；訓練目的若是要提高蹬地的力量，應該要設定相對較大的負荷。

3. 選擇合適阻力的重要性

選擇的阻力太小即對身體的刺激太小，就達不到訓練目的，這個很容易理解；選擇的阻力負荷太大的危害以運動生理學為基礎進行分析，則為在運動員進行抗阻力跑的過程中，阻力過大，有可能會導致正在運動的肌群的性質發生變化，最有可能導致支撐腿股二頭肌的用力時間延長，從而導致支撐時間的加長。縮短了中樞神經系統的興奮度，降低了肌肉工作與放鬆的替換頻率，最終減慢了肌肉的收縮速度。此外，還會容易受傷。

四 抗阻速度訓練器的使用原則及其注意事項

1. 使用原則

訓練器在使用之前要確定電量的充足，訓練場地盡量選擇平整

地面（圖為學校田徑場中間的草坪，相對較為平整故也可行）；當練習者打開訓練器電源開關時，蜂鳴器會長鳴一聲，液晶板會顯示「88」待 2 秒後快速進入使用狀態，液晶板會顯示當前的阻力大小（阻力的範圍為 2～40）；阻力大小可隨時調節；腰帶的長短可以調節，練習時需將腰帶上的掛鉤扣到繩索末端的兩個圓環上；每次練習完成後按一下速度訓練器上的綠色按鈕或者按遙控器上大的開始按鈕，想要停止收繩就再按一下訓練器綠色按鈕或遙控器上小的停止按鈕，便可以停止收繩；電源總開關在右側面的下方，訓練完成後關閉開關，並將拉繩收好；抗阻速度訓練器要放置在乾燥並沒有陽光直射的室內。

2. 注意事項

訓練器在收繩之前應保證繩索末端與收繩處的繩順暢，在收繩的過程中除正常操作外不能惡意阻礙收繩，不然會損壞機器；繩索的長度為 50 公尺，在使用時最好設置標誌物，以免對練習者和機器造成傷害；當阻力過大時，液晶顯示屏會出現「EE」，此時的阻力不能再增加，否則會使訓練器損害；當液晶顯示器顯示「EO」時，可重啟電源開關來消除故障；當訓練器電量不足時，液晶顯示器會顯示「LO」「LL」；速度訓練器每超過一個月不使用時，電池要充滿一次電，否則會損壞電池。

綜上所述，阻力選擇不當不但達不到訓練效果，還有可能對身體造成不利的影響甚至受傷，所以選擇合適的阻力尤為重要。

實踐篇
抗阻訓練組合

抗阻組合訓練

一 結合田徑基本步法的抗阻訓練

1. 小步跑

1
2

3

圖 2-1　小步跑練習

　　【動作方法】正向站於訓練器前方，繩索掛在身體後腰正中位置。上體稍前傾，兩臂前後自然擺動。一腿膝關節向前擺動，髖關

節稍有轉動，同時另一腿大腿積極下壓，前腳掌扒地，著地時膝關節伸直，動作過程中膝關節要有彈性，後腳跟提起，兩腳交替進行（圖 2-1）。水平向前行進 10 公尺接加速跑 25 公尺。

【注意事項】繩索阻力因人而異，以不影響動作準確性為準，建議阻力要盡量小，步幅小，頻率快。

【訓練目的】鍛鍊腰肌、腓腸肌，發展速率，鍛鍊身體的靈活性和協調性。

2. 後退小步跑

1

2

3

圖 2-2　後退小步跑練習

【**動作方法**】背向站於訓練器前方，繩索掛在身體後腰正中位置。上體稍前傾，兩臂前後自然擺動。一腿膝關節向後擺動，髖關節稍有轉動，同時另一腿大腿積極下壓，前腳掌扒地，著地時膝關節伸直，動作過程中膝關節要有彈性，後腳跟提起，兩腳交替進行（圖 2-2）。

向後行進 10 公尺接轉身加速跑 25 公尺。

【**注意事項**】繩索阻力因人而異，以不影響動作準確性為準，建議阻力要盡量小，步幅小，頻率快。

【**訓練目的**】鍛鍊腰肌、腓腸肌，發展速率，鍛鍊身體的靈活性和協調性。

3. 高抬腿跑

1   2

圖 2-3　高抬腿跑練習

【**動作方法**】正向站於訓練器前方，繩索掛在身體後腰正中位置。上體稍前傾，擺動腿的大腿積極向前上方擺至水平位置，帶動同側髖稍向前，同時另一腿大腿要積極下壓，重心提起，前腳掌著地，雙腿交替向前進行，雙臂配合雙腿前後擺動（圖 2-3）。

向前快速跑動 10 公尺接加速跑 25 公尺。

【注意事項】繩索阻力因人而異，以不影響動作準確性為準，上體不要後仰，支撐腿的踝關節要起到緩衝的作用。

【訓練目的】提高下肢肌肉群的蹬、撐能力，鍛鍊腿部力量。

4. 側向高抬腿跑

圖 2-4　側向高抬腿跑練習

【動作方法】側向站於訓練器前方，繩索掛在身體後腰正中位置。上體稍前傾，擺動腿的大腿積極向前上方擺至水平位置，帶動同側髖稍稍向前，同時另一腿大腿要積極下壓，重心提起，前腳掌著地，雙腿交替向側面行進，雙臂配合雙腿前後擺動（圖 2-4）。

側向跑動 10 公尺迅速轉身向前加速跑 25 公尺。

【注意事項】繩索阻力因人而異，以不影響動作準確性為準，上體不要後仰，支撐腿的踝關節要起到緩衝的作用。

【訓練目的】鍛鍊腹外斜肌、下肢肌肉群的蹬、撐能力，鍛鍊腿部力量，提高身體的協調性。

5. 後退高抬腿跑

1   2

圖 2-5　後退高抬腿跑練習

【動作方法】背向站於訓練器前方，繩索掛在身體後腰正中位置。上體稍正直，擺動腿的大腿積極向前上方擺至水平位置，帶動同側髖稍向前。

同時，另一腿大腿要積極下壓，重心提起，前腳掌著地，雙腿交替後退進行，雙臂配合雙腿前後擺動（圖 2-5）。

向後跑動 10 公尺迅速轉身向前加速跑 25 公尺。

【注意事項】繩索阻力因人而異，以不影響動作準確性為準，上體不要後仰，支撐腿的踝關節要起到緩衝的作用。

【訓練目的】提高下肢肌肉群的蹬、撐能力，鍛鍊腿部力量，提高身體的協調平衡能力，增強娛樂性。

6. 墊步高抬腿跑

1   2

圖 2-6　墊步高抬腿跑練習

【動作方法】正向站於訓練器前方，繩索掛在身體後腰正中位置。上體稍前傾，擺動腿的大腿積極向前上方擺至水平位置，帶動同側髖稍向前。

同時，另一腿大腿要積極下壓，重心提起，前腳掌著地，與此同時支撐腿迅速原地墊步一次，雙腿交替向前進行，雙臂配合雙腿前後擺動（圖 2-6）。

向前有節奏地跑動 10 公尺接加速跑 25 公尺。

【注意事項】繩索阻力因人而異，以不影響動作準確性為準，上體不要後仰，支撐腿的踝關節要起到緩衝的作用，墊步時要迅速。

【訓練目的】提高下肢肌肉群的蹬、撐能力，鍛鍊腿部力量。

7. 墊步高抬腿轉高抬腿跑

1

2

3

4

圖 2-7　墊步高抬腿轉高抬腿跑練習

【動作方法】正向站於訓練器前方，繩索掛在身體後腰正中位置。上體稍前傾，前面墊步高抬腿與高抬腿的動作方法都有介紹。先做 8 公尺的墊步高抬腿不間斷直接再做 10 公尺的高抬腿跑，再接加速跑 20 公尺。（圖 2-7）

【注意事項】繩索阻力因人而異,以不影響動作準確性為準,上體不要後仰,支撐腿的踝關節要起到緩衝的作用,動作銜接要迅速。

【訓練目的】提高下肢肌肉群的蹬、撐能力,鍛鍊腿部力量,訓練反應能力和機體的適應能力。

8. 半高抬腿跑

1   2

圖 2-8　半高抬腿跑練習

【動作方法】正向站於訓練器前方,繩索掛在身體後腰正中位置。上體稍前傾,擺動腿的大腿向前上方擺至與地面成 45°左右的位置,同時另一腿大腿要積極下壓,重心提起,前腳掌迅速著地,雙腿交替快速向前跑動,雙臂配合雙腿前後自然擺動(圖 2-8)。

向前跑動 10 公尺接加速跑 25 公尺。

【注意事項】繩索阻力因人而異,以不影響動作準確性為準,阻力盡量調小,支撐腿迅速蹬地擺腿,步幅小,頻率快。

【訓練目的】提高下肢肌肉群的蹬地能力,發展速率。

9. 側向半高抬腿跑

圖 2-9　側向半高抬腿跑練習

【動作方法】側向站於訓練器前方，繩索掛在身體側腰正中位置。上體稍前傾，擺動腿的大腿向前上方擺至與地面成 90°左右的位置。

同時，另一腿大腿要積極下壓，重心提起，前腳掌迅速著地，雙腿交替快速側向跑動，雙臂配合雙腿前後自然擺動（圖 2-9）。

向前跑動 10 公尺迅速轉身向前接加速跑 25 公尺。

【注意事項】繩索阻力因人而異，以不影響動作準確性為準，阻力盡量調小，支撐腿迅速蹬地擺腿，步幅小，頻率快。

【訓練目的】鍛鍊腹外斜肌，提高下肢肌肉群的蹬地能力，發展速率，提高身體的協調性。

10. 單腿扒地行進

1　　　　　　　　　　　2

圖 2-10　單腿扒地行進練習

【動作方法】正向站於訓練器前方，繩索掛在身體後腰正中位置。上體稍前傾，以膝關節為軸，一腿向前前伸，積極下壓落地，前腳掌迅速扒地，另一腿配合自然向前拖動，循環向前行進，雙臂配合自然擺動（圖 2-10）。

向前跑動 15～20 公尺接加速跑 20 公尺左右。

【注意事項】繩索阻力因人而異，以不影響動作準確性為準，步幅小，頻率快，扒地迅速有力。

【訓練目的】鍛鍊腰肌、前腳掌扒地能力，提高身體的協調性。

11. 車輪跑

圖 2-11　車輪跑練習

【動作方法】正向站立於訓練器前方，繩索掛在身體後腰正中位置。一腿高抬，身體重心較高，擺到最高點時迅速制動，隨即擺動腿積極下壓，小腿自然前伸做「鞭打式」扒地動作，前腳掌積極扒地。

兩腿交替進行，兩臂配合自然擺動（圖 2-11）。

【注意事項】前腳掌積極扒地，支撐腿前擺時小腿隨著慣性與大腿摺疊。扒地、高抬腿時膝關節放鬆，大腿積極下壓。

【訓練目的】提高髖部屈伸肌群的擺動力量，以及對抗和相應肌群的運動協調能力，鍛鍊股二頭肌的力量。

12. 跨步跳

1

2

3

圖 2-12　跨步跳練習

【動作方法】正向站於訓練器前方，繩索掛在身體後腰正中位置。後腿用力蹬伸，放腳的一瞬間自然停留在身後，小腿放鬆，大致與地面平行，大腿和小腿之間的夾角在 120°左右，前腿屈膝主動前擺送髖，落地時小腿積極後拉，腳掌扒地，手臂上擺，到與肩同高時制動，有明顯的騰空（圖 2-12）。

循環向前跑動 10 公尺接加速跑 25 公尺。

【注意事項】全腳掌著地，後腿腳尖離地時自然下垂，踝關節放鬆，步幅大，提重心。

【訓練目的】發展腿部爆發力和彈跳力，培養大腿積極主動前擺和下壓的能力，有助於提高運動員三級跳遠的成績。

13. 後蹬跑

1　　　　　　　　　　2

圖 2-13　後蹬跑練習

【動作方法】正向站於訓練器前方，繩索掛在身體後腰正中位置。上體正直或稍前傾，兩臂自然擺動。擺動腿積極向前上方擺到水平位置，同側髖帶動大腿充分前送，同時另一腿大腿積極下壓，小腿前送至前腳掌著地，膝、踝關節緩衝，迅速轉入後蹬。後蹬時擺腿送髖，隨即膝、踝充分蹬伸，騰空時重心前傾，兩腿交替向前跑動 10 公尺接加速跑 25 公尺。（圖 2-13）

【注意事項】身體重心前傾，後腿蹬直，前腿下壓快，前腳掌著地迅速扒地，騰空時身體盡量放鬆，頻率快。

【訓練目的】發展腿部力量，提高後蹬能力。

14. 弓箭步走

1

2

圖 2-14　弓箭步走練習

【動作方法】正向站於訓練器前方，繩索掛在身體後腰正中位置。上體保持正直，兩臂大幅度隨腿部擺動，一腿向前方邁出一大步，同時膝關節彎曲至盡量與地面垂直；另一腿自然繃直，兩腿交替向前走 10～20 公尺。（圖 2-14）

【注意事項】重心在兩腿中間，兩腳均為前腳掌著地，步幅大。

【訓練目的】加強大腿後肌肉群力量及屈髖能力。

15. 側向弓箭步走

1

2

圖 2-15　側向弓箭步走練習

　　【動作方法】側向站於訓練器前方，繩索掛在身體後腰正中位置。上體前傾，前腿向側快速蹬出至大小腿約成 130°，同時後腿蹬直隨即迅速向側移動與另前側腿併攏，併攏瞬間前腿再次蹬出，循環側向行進 10～20 公尺，兩臂隨腿單次循環擺動。（圖 2-15）

　　【注意事項】兩腿併攏時距離掌握好，以不碰到另一條腿為準，做動作時要挺胸、塌腰、沉髖。

　　【訓練目的】加強大腿內側肌群的力量及彈性。

16. 轉髖跳

1   2

3   4

圖 2-16　轉髖跳練習

　　【動作方法】正向站於訓練器前方，繩索掛在身體後腰正中位置。上體前傾，一腿抬起到大腿與地面平行的同時轉向異側腿的方向，擺動腿帶動同側髖轉動，大腿與小腿約 100°，膝、踝關節放鬆，同時另一條腿前腳掌用力蹬地，當擺動腿轉體到與身體正前方

的位置 45°～70°時，支撐腿瞬間跳起並轉向擺動腿方向，隨即擺動腿下壓前腳掌著地，兩臂隨著自然擺 動，兩腿交替向前行進 10～20 公尺。（圖 2-16）

【注意事項】上體盡量正對前方，不要側轉，動作輕鬆且富有彈性。

【訓練目的】鍛鍊腰肌，提高大腿擺動能力，靈活髖關節。

17. 後退大步走

1   2

圖 2-17　後退大步走練習

【動作方法】背向站於訓練器前方，繩索掛在身體後腰正中位置。上體保持正直，兩臂大幅度隨腿部擺動，一腿向後退出一大步，同時膝關節彎曲至盡量與地面垂直，另一腿自然繃直，兩腿交替向後行進 10～20 公尺。（圖 2-17）

【注意事項】重心在兩腿中間，兩腳均為前腳掌著地，步幅大。

【訓練目的】鍛鍊腰肌，加強大腿肌肉力量及彈性。

18. 後退大步走接後退小步跑

1　　　　　　　　　　　　　　　2

3　　　　　　　　　　　　　　　4

圖 2-18　後退大步走接後退小步跑練習

　　【動作方法】背向站於訓練器前方，繩索掛在身體後腰正中位置。上體保持正直，前文對後退大步走和後退小步跑的動作方法都有介紹，先做 8 公尺的後退大步走接 6 公尺的後退小步跑迅速轉身接 20 公尺的加速跑。（圖 2-18）

　　【注意事項】注意步法轉換的銜接。

　　【訓練目的】體會步幅及步頻的變化。

19. 站立式起跑加速

1   2

圖 2-19　站立式起跑加速練習

【練習方法】正向站於訓練器前方，繩索掛在身體後腰正中位置，以站立式起跑開始做加速跑練習，加速 30～40 公尺。（圖 2-19）

【注意事項】起始阻力為「12」跑到 10 公尺左右迅速將阻力調為最小阻力「2」。

【訓練目的】加強站立式起跑姿勢，發展疾跑加速能力。

20. 蹲踞式起跑加速

1

2　　　　　　　　　　　3

4　　　　　　　　　　　5

圖 2-20　蹲踞式起跑加速練習

【練習方法】正向站於訓練器前方，繩索掛在身體後腰正中位置，用起跑器以蹲踞式起跑開始做加速跑練習，加速 30～40 公尺。（圖 2-20）

【注意事項】起始阻力為「12」跑到 10 公尺左右迅速將阻力調為最小阻力「2」。

【訓練目的】加強蹲踞式起跑姿勢，發展疾跑加速能力。

二 結合田徑專項的抗阻訓練

（一）跳 高

1. 放腿送髖

圖 2-21　跳高放腿送髖練習

　　【練習方法】正向站於訓練器前方，繩索掛在身體後腰正中位置。左腿向前邁一步送髖，右腿順勢拖拉；隨即右腿向前邁步，雙臂配合自然擺動，重複做此動作 10～20 次。（圖 2-21）

　　【注意事項】送髖時身體不要刻意後仰，放步不要過大。

　　【訓練目的】加強運動員跳高起跳瞬間的送髖意識。

2. 上步擺腿

圖 2-22　跳高上步擺腿練習

　　【練習方法】正向站於訓練器前方，繩索掛在身體後腰正中位置。右腿快速向前邁一步，隨即左腿蹬伸，右腿盡量上擺起跳，雙臂同時上擺，落地後繼續重複做 10～20 次。（圖 2-22）

　　【注意事項】動作迅速，上擺起跳幅度要大。

　　【訓練目的】培養跳高運動員起跳瞬間在掌握送髖意識的基礎上結合快速擺腿。

3. 兩步墊步起跳

1

2

圖 2-23　跳高兩步墊步起跳練習

【練習方法】正向站於訓練器前方，繩索掛在身體後腰正中位置。向前迅速墊兩步做跳高的起跳動作，重複做 10～20 次。（圖 2-23）

【注意事項】墊步後結合起跳動作時要迅速。

【訓練目的】培養跳高運動員助跑結合起跳時的爆發力。

4. 三步起跳

1

2

3

4

圖 2-24　跳高三步起跳練習

　　【練習方法】正向站於訓練器前方，繩索掛在身體後腰正中位置。向前迅速跑幾步做跳高的起跳動作，起跳前三步要有節奏，重複做 10～20 次。（圖 2-24）

　　【注意事項】動作迅速，上擺起跳幅度大。

　　【訓練目的】培養跳高運動員在快速助跑的基礎上起跳的能力。

5. 結合彈力帶的上步起跳動作

1

2

圖 2-25　結合彈力帶的上步起跳動作練習

【**練習方法**】正向站於訓練器前方，繩索掛在身體後腰正中位置。彈力帶一頭固定在訓練器上，另一頭固定在運動員起跳腿的膝關節處，沿訓練器約 45°的方向迅速跑動幾步做跳高的起跳動作，做完一次，回到原位，收繩索接著做下一次，循環做 5～10 次。（圖 2-25）

【**注意事項**】做起跳時應保證繩索與彈力帶成緊繃狀態，動作不能變形。

【**訓練目的**】提高運動員在跳高起跳瞬間的擺腿能力。

（二）跳遠

6. 結合彈力帶的上步起跳動作

圖 2-26　結合彈力帶的上步起跳動作練習

【練習方法】正向站於訓練器前方，繩索掛在身體後腰正中位置。彈力帶一頭固定在訓練器上，另一頭固定在運動員起跳腿的膝關節處，向正前方迅速跑動幾步做跳遠的起跳動作，做完一次，回到原位，收繩索接著做下一次，循環做 5～10 次。（圖 2-26）

【注意事項】做起跳時應保證繩索與彈力帶成緊繃狀態，動作不能變形。

【訓練目的】提高運動員在跳遠起跳瞬間的擺腿能力。

（三）鉛　球

7. 後滑步

1

2

3

圖 2-27　鉛球後滑步練習

　　【**練習方法**】背向站於訓練器前方，繩索掛在身體後腰正中位置。身體成背向滑步投鉛球的預備姿勢，徒手做推鉛球背向滑步技術的模仿練習，重複做 10～20 次。（圖 2-27）

　　【**注意事項**】上體不要抬起，滑步動作聯貫，控制好身體，保持穩定。

　　【**訓練目的**】訓練鉛球運動員滑步時的爆發力。

8. 後滑步轉髖

1

2

3

4

圖 2-28　鉛球後滑步轉髖練習

　　【練習方法】背向站於訓練器前方，繩索掛在身體後腰正中位置。身體成背向滑步投鉛球的預備姿勢，徒手做推鉛球背向滑步並轉髖技術的模仿練習，重複做 10～20 次。（圖 2-28）

　　【注意事項】動作完成後稍停頓 1 秒再做下一遍，注意控制上體不要過早抬起。

　　【訓練目的】訓練鉛球運動員在後滑步的基礎上提高轉髖的力量。

9. 結合彈力帶的後滑步轉髖動作

1

2

3

圖 2-29　結合彈力帶的後滑步轉髖動作練習

【練習方法】背向站於訓練器前方，繩索掛在身體後腰正中位置。彈力帶一頭固定在訓練器上，另一頭握在運動員的右手中，身體成背向滑步投鉛球的預備姿勢，徒手做推鉛球背向滑步並轉髖技術的模仿練習，做完一次，回到原位，收繩索接著做下一次，循環做 5～10 次。（圖 2-29）

【注意事項】動作完成後稍停頓 1 秒再做下一遍，注意控制上體不要過早抬起，做動作時應保證繩索與彈力帶成緊繃狀態。

【訓練目的】提高鉛球運動員出手前轉體的速度及力量。

（四）標　槍

10. 持槍側向走

1

2

圖 2-30　持槍側向走練習

　　【練習方法】側向站於訓練器前方，繩索掛在身體側腰正中位置。持標槍做標槍助跑步的走步動作模仿練習，做 10～20 次。（圖 2-30）

　　【注意事項】標槍要拿穩，身體重心起伏越小越好。

　　【訓練目的】培養標槍運動員交叉步技術的下肢穩定性。

11. 持槍側向跑

1

2

圖 2-31　持槍側向跑練習

【**練習方法**】側向站於訓練器前方，繩索掛在身體後腰正中位置。持標槍做標槍助跑步的模仿練習，做 10～20 次。（圖 2-31）

【**注意事項**】標槍要拿穩，速度逐漸加快。

【**訓練目的**】培養標槍運動員跑步式投擲步的速度。

12. 持槍快速上步

1

2

3

圖 2-32　持槍快速上步練習

　　【練習方法】側向站於訓練器前方，繩索掛在身體後腰正中位置。持標槍做標槍出手前最後一步的上步練習，重複做 10～20次。（圖 2-32）

　　【注意事項】動作迅速，急停穩且有力。

　　【訓練目的】培養標槍運動員助跑結合擲槍的快速銜接能力。

13. 結合彈力帶的標槍專項練習

1

2

3

圖 2-33　結合彈力帶的標槍專項練習

【練習方法】側向站於訓練器前方，繩索掛在身體後腰正中位置。彈力帶一頭固定在訓練器上，另一頭握在運動員的右手中，身體成投標槍的預備姿勢，上兩步做投標槍技術的練習，做完一次，回到原位，收繩索接著做下一次，循環做 5～10 次。（圖 2-33）

【注意事項】身體充分展開，做動作時應保證繩索與彈力帶成緊繃狀態。

【訓練目的】培養標槍運動員擲槍的最後用力能力。

（五）鐵　餅

14. 結合彈力帶的鐵餅專項練習

1

2

3

圖 2-34　結合彈力帶的鐵餅專項練習

【練習方法】側向站於訓練器前方，繩索掛在身體後腰正中位置，彈力帶一頭固定在訓練器上，另一頭握在運動員的右手上，身體成原地投擲鐵餅的預備姿勢，做原地投擲鐵餅技術的模仿練習，做完一次，回到原位，收繩索接著做下一次，循環做 5～10 次。（圖 2-34）

【注意事項】身體充分展開，做動作時應保證繩索與彈力帶成緊繃狀態。

【訓練目的】提高鐵餅運動員的擲餅出手速度。

三 結合花樣走、跑、跳及上肢的抗阻練習

（一）走步練習

15. 高抬腿走

1

2

圖 2-35　高抬腿走練習

【動作方法】正向站於訓練器前方，繩索掛在身體後腰正中位置。上體稍前傾，擺動腿的大腿積極向前上方擺至水平位置，帶動同側髖稍向前，同時另一腿大腿要積極下壓，重心提起，前腳掌著地，雙腿交替向前進行，雙臂配合雙腿大幅度前後擺動，向前行走10～20公尺。（圖 2-35）

【注意事項】繩索阻力因人而異，以不影響動作準確性為準，上體不要後仰，支撐腿的踝關節要起到緩衝的作用。

【訓練目的】提高下肢肌肉群的蹬、撐能力，鍛鍊腿部力量。

16. 墊步高抬腿走

圖 2-36　墊步高抬腿走練習

【動作方法】正向站於訓練器前方，繩索掛在身體後腰正中位置。上體稍前傾，擺動腿的大腿積極向前上方擺至水平位置，帶動同側髖稍向前，同時另一腿大腿要積極下壓，重心提起，前腳掌著地，與此同時支撐腿原地墊步一次，雙腿交替向前進行，雙臂配合雙腿前後大幅度擺動，向前有節奏地走 10～20 公尺。（圖 2-36）

【注意事項】繩索阻力因人而異，以不影響動作準確性為準，上體不要後仰，支撐腿的踝關節要起到緩衝的作用。

【訓練目的】提高下肢肌肉群的蹬、撐能力，鍛鍊腿部力量。

17. 側向滑步走

1

2

3

4

圖 2-37　側向滑步走練習

【動作方法】側向站於訓練器前方，繩索掛在身體後腰正中位置。上體稍前傾，雙腳左右開立略寬於肩，雙腿下屈成半弓步，一隻腳快速向側滑動，另一隻腳不動，當滑動腳落地時另一腳快速滑步跟上，兩臂自然平舉，循環側向行走 20～30 公尺。（圖 2-37）

【注意事項】滑動過程中身體重心低穩，不能上下起伏，全腳掌著地。

【練習目的】鍛鍊腹外斜肌、股外肌，提高身體的協調性。

18. 側向前交叉步走

1

2

圖 2-38　側向前交叉步走練習

【動作方法】側向站於訓練器前方，繩索掛在身體後腰正中位置。上體稍前傾，雙腳左右開立略寬於肩，雙腿下屈成半弓步，前腳不動，後腳繞過前腳前方向相同體側方向邁步，落地時與前腳成交叉狀。後腳落地同時前腳順勢向側邁步還原至初始姿勢，雙臂自然屈肘，循環向側行走 15～20 公尺。（圖 2-38）

【注意事項】交叉步的幅度盡量要大，身體重心低穩，不能上下起伏，全腳掌著地。

【練習目的】鍛鍊腹外斜肌、腓腸肌，提高身體的協調性。

19. 弓步前交叉走練習

1

2

圖 2-39　弓步前交叉走練習

【動作方法】正向站於訓練器前方，繩索掛在身體後腰正中位置。上體保持正直，右腿向左前方做弓箭步走，左腿向右前方做弓箭步走，雙臂自然擺動，交替進行，完成 10～15 步。（圖 2-39）

【注意事項】向左右前方邁步時，後腳腳跟及時轉動。

【練習目的】鍛鍊股二頭肌、股四頭肌、脛骨前肌、比目魚肌、腓腸肌，提高身體的協調性。

20. 側向弓步體前交叉走

1

2

圖 2- 40　側向弓步體前交叉走練習

【動作方法】側向站於訓練器前方，繩索掛在身體後腰正中位置。上體保持正直，前腿向體側做弓箭步走後，後腿從前腿前方向相同體側方向交叉邁出，循環側向完成 10～15 步。（圖 2-40）

【注意事項】上體保持正直，邁步時體會蹬地感覺。

【訓練目的】鍛鍊股二頭肌、股四頭肌、背闊肌，提高身體的協調性。

21. 向前提踵前進

1

2

圖 2- 41　向前提踵前進練習

　　【動作方法】正向站於訓練器前方，繩索掛在身體後腰正中位置。上體保持正直，一腿向前邁一小步，穩定後提踵停頓下，恢復邁步姿勢，兩腿交替行進，完成 10～15 步。（圖 2-41）

　　【注意事項】提踵時身體正直，保持身體穩定，不能晃動。
　　【訓練目的】鍛鍊小腿腓腸肌和比目魚肌及腰肌。

22. 側向環轉走

1

2

圖 2-42　側向環轉走練習

【動作方法】側向站於訓練器前方，繩索掛在身體後腰正中位置。上體保持正直，雙腳左右開立約為肩寬的兩倍，身體呈半蹲姿勢，雙手叉腰，身體向前腿方向前轉 180°，穩定後重複進行，完成 10～15 步。（圖 2-42）

【注意事項】重心穩定，不要起伏，轉動時身體姿勢不變。

【訓練目的】發展股二頭肌、股四頭肌、腹直肌、腹外斜肌、背闊肌和臀大肌肌力。

23. 側向墊步走

1

2

3

圖 2-43　側向墊步走練習

【動作方法】側向站於訓練器前方，繩索掛在身體後腰正中位置。上體保持正直，手臂自然屈肘，前腿向體側邁出，同時左腿跟上墊一步，依次循環行進 15～20 公尺。（圖 2-43）

【注意事項】重心起伏盡量小。

【訓練目的】鍛鍊脛骨前肌、比目魚肌、腓腸肌、臀大肌、腹外斜肌。

24. 側向蹲式滑步走

1

2

圖 2- 44　側向蹲式滑步走練習

【動作方法】側向蹲於訓練器前方，大腿約與地面平行，繩索掛在身體後腰正中位置。上體稍前傾，雙臂前平舉以保持身體平衡性，雙腳左右開立略寬於肩，一腳向側滑動，另一隻腳不動，當滑動腳落地時，另一隻腳快速滑步跟上，循環側向行走 20～30 公尺。（圖 2-44）

【注意事項】滑動過程中身體重心低穩，不能上下起伏，全腳掌著地。

【練習目的】鍛鍊腹外斜肌、股外肌及腿部力量，提高身體的協調平衡性。

25. 連續彈踢腿

1

2

3

4

圖 2- 45　連續彈踢腿練習

　　【動作方法】正向站於訓練器前方，繩索掛在身體後腰正中位置。上體保持正直，雙手叉腰，一腿小腿後踢約與大腿成 45°隨即向前踢出至腿伸直後下壓落地，向前踢腿的同時支撐腿向前墊一小步，隨即支撐腿做同樣動作，兩腿交替行進 15～20 公尺。（圖2-45）

　　【注意事項】前腳掌著地，動作輕鬆且富有彈性。

　　【訓練目的】增加練習的趣味性，提高身體的協調性及靈活性。

26. 側向鐘擺腿

1

2

圖 2- 46　側向鐘擺腿練習

【動作方法】側向站於訓練器前方，繩索掛在身體後腰正中位置。上體保持正直，雙手叉腰，前腿向側抬起約 45°後下落，下落的同時後腿向側抬起約 45°，動作看起來像鐘擺在左右擺動，依次循環側向行進 15～20 公尺。（圖 2-46）

【注意事項】前腳掌著地，動作輕鬆且富有彈性。

【訓練目的】增加練習的趣味性，提高身體的協調性及靈活性。

（二）跳步練習

27. 向前伸展跳

1

2

圖 2-47　向後伸展練習

　　【動作方法】正向站於訓練器前方，繩索掛在身體後腰正中位置。上體前傾，身體呈半蹲姿勢，手臂前伸約與地面平行，用力向前上方跳起，到最高點時手臂雙腿同時向後伸展到最大限度，挺胸展髖，成展體姿勢，落地時還原成準備姿勢，循環向前行進 15～20 公尺。（圖 2-47）

　　【注意事項】騰空時手臂不要彎曲，腿不要屈膝。

　　【訓練目的】提高腿部力量，鍛鍊腰腹肌，靈活髖關節。

28. Z 形小馬穩定跳

1

2

3

圖 2-48　Z 形小馬穩定跳練習

【動作方法】正向站於訓練器前方，繩索掛在身體後腰正中位置。上體前傾，兩臂配合自然擺動，右腿向右前方約 45°跳起，單腳落地身體呈半蹲姿勢，左腿抬起離地，身體穩定後，左腿向左前方做同樣的動作，兩腿交替前進 15～20 公尺。（圖 2-48）

【注意事項】全腳掌著地，重心盡量低，盡量不要起伏。

【訓練目的】增加練習的趣味性，鍛鍊身體的平衡能力。

29. 後退 Z 形小馬穩定跳

1   2

3

圖 2-49　後退 Z 形小馬穩定跳練習

　　【動作方法】背向站於訓練器前方，繩索掛在身體後腰正中位置。上體前傾，兩臂配合自然擺動，右腿向右後方約 45°跳起，單腳落地身體呈半蹲姿勢，左腿抬起離地，身體穩定後，左腿向左後方做同樣的動作，兩腿交替行進 15～20 公尺。（圖 2-49）

　　【注意事項】全腳掌著地，重心盡量低，盡量不要起伏。

　　【訓練目的】增加練習的趣味性，提高身體的平衡能力。

30. 向前單足墊步跳

1   2

3

圖 2-50　向前單足墊步跳練習

【動作方法】正向站於訓練器前方，繩索掛在身體後腰正中位置。上體前傾，兩臂配合自然擺動，身體成半蹲姿勢，一腳抬起另一腳用力向前上方跳起，落地後迅速輕輕向上墊一步隨即繼續前進，循環行進 15～20 公尺。（圖 2-50）

【注意事項】全腳掌著地，重心盡量低，盡量不要起伏，墊步又小又快。

【訓練目的】練習下肢力量。

31. 向前雙足連續跳

1　　　　　　　　　　　2

圖 2-51　向前雙足連續跳練習

【動作方法】正向站於訓練器前方，繩索掛在身體後腰正中位置。上體保持正直，兩臂配合自然擺動，連續向前跳躍 15～20 公尺。（圖 2-51）

【注意事項】前腳掌著地，步幅小，頻率快。
【訓練目的】增加練習的趣味性，提高下肢力量。

32. 側向 Z 形雙足跳

1

2

3

圖 2-52　側向 Z 形雙足跳練習

【動作方法】側向站於訓練器前方，繩索掛在身體後腰正中位置。上體保持正直，雙手叉腰，雙腿併攏，雙腿微屈向斜前方約 45°快速跳躍，落地後隨即向斜後方約 45°迅速跳躍，循環側向行進 15～20 公尺。（圖 2-52）

【注意事項】前腳掌著地，動作富有彈性，跳躍步幅的大小盡量一致。

【訓練目的】鍛鍊腹外斜肌、腓腸肌、股二頭肌、股直肌，提高身體的協調性和靈活性。

33. 後退 Z 形雙足跳

1

2

3

圖 2-53　後退 Z 形雙足跳練習

　　【動作方法】背向站於訓練器前方，雙腿併攏，上體正直，雙手叉腰，繩索固定於腰間。雙腿屈膝向右後方約 45°快速跳躍，落地後隨即向左後方 45°迅速跳躍，循環行進 15～20 公尺。（圖 2-53）

　　【注意事項】全腳掌著地，動作富有彈性，跳躍步幅的大小盡量一致。

　　【訓練目的】鍛鍊腰肌、股直肌、股二頭肌、腓腸肌，提高身體的協調性。

34. Z 形單足跳

1   2

3   4

圖 2-54　Z 形單足跳練習

【**動作方法**】正向站於訓練器前方，繩索掛在身體後腰正中位置。上體前傾，雙臂自然擺動，身體成半蹲姿勢，左腿抬起，右腿向右前方約 45°跳躍，再向左前方跳躍，隨即左腿向右前方約 45°邁步，落地瞬間右腿抬起，左腿向左前方約 45°跳躍，再向右前方約 45°跳躍，隨即右腿向右前方約 45°邁步，落地瞬間左腿抬起，依次循環前進 15～20 公尺。（圖 2-54）

【**注意事項**】全腳掌著地，重心盡量不要起伏。

【**訓練目的**】練習下肢力量，提高身體靈活性。

35. 後退 Z 形滑步跑跳練習

圖 2-55　後退 Z 形滑步跑跳練習

【動作方法】背向站於訓練器前方，繩索掛在身體後腰正中位置。上體前傾，雙手叉腰，右腿向右後方約 45°快速滑出同時左腿跟進，右腿落地瞬間左腿向左後方約 45°快速滑出右腿跟進，左腿落地瞬間右腿向右後方約 45°快速滑出，兩腿交替循環行進 15～20公尺。（圖 2-55）

【注意事項】前腳掌著地，步幅小，頻率快，動作輕鬆有節奏。

【訓練目的】增加練習的趣味性，提高下肢力量。

36. 下蹲連續開合跳

1

2

3

4

圖 2-56　下蹲連續開合跳練習

【動作方法】正向站於訓練器前方，繩索掛在身體後腰正中位置。雙腳自然開立，上體前傾，身體下蹲同時雙腳向兩側跳躍，落地後再跳起，雙腳回收至原始距離但身體姿勢盡量不變，雙手叉腰，循環向前跳躍約 15～20 公尺。（圖 2-56）

【注意事項】前腳掌著地，雙腳打開的距離不宜過大，以動作協調為準，身體一直成蹲姿，重心起伏不要太大。

【訓練目的】鍛鍊下肢力量，提高身體的協調性。

37. 向前蹲姿連續跳

1

2

圖 2-57　向前蹲姿連續跳練習

　　【動作方法】正向蹲於訓練器前方，繩索掛在身體後腰正中位置。上體前傾，雙腳與肩同寬，手背於腰後，向前連續跳躍 15 ～ 20 公尺。（圖 2-57）

　　【注意事項】前腳掌著地，重心起伏要小。

　　【訓練目的】練習下肢力量，提高身體靈活性。

（三）跑步練習

38. 直腿跑行進

1

2

圖 2-58　直腿跑行進練習

　　【動作方法】正向站於訓練器前方，繩索掛在身體後腰正中位置。雙腳自然開立，上體稍後仰，雙腿伸直向前跑動，雙臂配合前後擺動，向前行進 15～20 公尺。（圖 2-58）

　　【注意事項】繃腳尖，步幅小，頻率快。

　　【訓練目的】增加練習的趣味性，提高下肢力量。鍛鍊腹直肌、腹外斜肌、背闊肌、股二頭肌、股四頭肌、脛骨前肌、比目魚肌、腓腸肌。

39. 後踢腿跑

1

2

圖 2-59　後踢腿跑練習

【動作方法】正向站於訓練器前方，繩索掛在身體後腰正中位置。雙腳自然開立，上體稍前傾，小腿後踢向前跑動，離地時前腳掌用力扒地，離地後小腿後踢與大腿充分摺疊，後腳跟接近臀部，向前行進 15～20 公尺。（圖 2-59）

【注意事項】上體不能過分前傾，前腳掌著地，膝關節放鬆，動作頻率要快。

【訓練目的】增加練習的趣味性，提高下肢股二頭肌、股四頭肌、背闊肌、臀大肌力量。

40. 側向前交叉跑

1

2

圖 2-60　側向前交叉跑練習

【動作方法】側向站於訓練器前方，繩索掛在身體後腰正中位置。上體稍前傾，雙腳左右開立略寬於肩，雙腿下屈成半弓步，前腳不動，後腳繞過前腳前方，向相同體側方向迅速邁步，落地時與前腳成交叉狀。後腳落地同時前腳順勢快速向側邁步還原至初始姿勢，雙臂配合自然擺動，循環向側跑動 15～20 公尺。（圖 2-60）

【注意事項】前腳掌著地，身體重心低穩，不能上下起伏。

【練習目的】鍛鍊腹外斜肌、腓腸肌，提高身體的協調性。

41. 側向前後交替交叉步跑

1   2

3

圖 2-62　側向前後交替交叉步跑練習

　　【動作方法】側向站於訓練器前方，繩索掛在身體後腰正中位置。上體保持正直，雙腳左右開立略寬於肩，雙腿微屈，前腳不動，後腳繞過前腳後方，向相同體側方向快速邁步，帶動髖關節轉動，落地時與前腳成交叉狀。後腳落地同時前腳順勢迅速向側邁步還原至初始姿勢，接著前腳不動，後腳繞過前腳前方，向相同體側方向迅速邁步，帶動髖關節轉動，落地時與前腳成交叉狀。後腳落地同時前腳順勢快速向側邁步還原至初始姿勢，雙臂自然側平舉，交替循環向側跑動 15～20 公尺。（圖 2-62）

【注意事項】上體保持正直不要左右晃動，前腳掌著地，步幅小，頻率快。

【訓練目的】鍛鍊腹外斜肌、腓腸肌，提高身體的協調性和靈活性。

42. 側向後交叉步跑

1   2

圖 2-61　側向後交叉步跑練習

【動作方法】側向站於訓練器前方，繩索掛在身體後腰正中位置。上體稍前傾，雙腳左右開立略寬於肩，雙腿下屈成半弓步，前腳不動，後腳繞過前腳後方，向相同體側方向快速邁步，落地時與前腳成交叉狀。

後腳落地同時前腳順勢迅速向側邁步還原至初始姿勢，雙臂配合自然擺動，循環向側跑動 15～20 公尺。（圖 2-61）

【注意事項】前腳掌著地，身體重心低穩，不能上下起伏。

【練習目的】鍛鍊腹外斜肌、腓腸肌，提高身體的協調性。

43. 側向滑步跑練習

1

2

3

圖 2-63　側向滑步跑練習

【動作方法】側向站於訓練器前方，繩索掛在身體後腰正中位置。上體稍前傾，雙腳左右開立略寬於肩，雙腿下屈成半弓步，一隻腳快速向側滑動，另一隻腳不動，當滑動腳落地時另一隻腳快速滑步跟上，兩臂自然平舉，循環側向跑動 20～30 公尺。（圖 2-63）

【注意事項】滑動過程中身體重心低穩，不能上下起伏，前腳掌著地。

【練習目的】鍛鍊腹外斜肌、股外肌，提高身體的協調性。

44. Z 形滑步跑

1　　　　　　　　　　　　2

3　　　　　　　　　　　　4

圖 2-64　Z 形滑步跑練習

【動作方法】正向站於訓練器前方，繩索掛在身體後腰正中位置。雙腳開立與肩同寬，雙腿微屈，上體稍前傾，雙臂自然放於身體兩側。右腳向右前方約 45°方向快速滑動兩步，滑動到第二步右腳迅速蹬地，左腳向左前方約 45°方向迅速滑動兩步，滑動到第二步左腳迅速蹬地，交替循環進行 15～20 公尺。（圖 2-64）

【注意事項】滑動過程中重心不得上下起伏，滑動的頻率要快。

【訓練目的】增加練習的趣味性，鍛鍊腰肌、腓骨短肌和身體的靈活性。

45. Z 形前交叉步跑

1

2

3

4

圖 2-65　Z 形前交叉步跑練習

【動作方法】正向站於訓練器前方，繩索掛在身體後腰正中位置。雙腳開立與肩同寬，雙腿微屈，上體稍微前傾，雙臂自然放於身體兩側。

右腳向右前方約 45°快速邁步，隨即左腳迅速經右腳前方跟進，成交叉狀，右腳再迅速邁出並蹬地，同時左腳迅速向左前方 45°邁出，右腳迅速經左腳前方跟進成交叉狀，左腳再迅速邁出並蹬地，交替循環行進 15～20 公尺。（圖 2-65）

【注意事項】移動過程中重心不得上下起伏，雙腳移動的頻率要快。

【訓練目的】鍛鍊腰肌，提高身體的協調性。

（四）上肢練習

46. 彈力帶上肢下肢側向俯臥支撐前進

1　　　　　　　　2

3

圖 2-66　彈力帶上肢下肢側向俯臥支撐前進練習

【動作方法】側向站於訓練器前方，繩索掛在身體後腰正中位置。把兩個小彈力帶分別套在手腕和腳踝上，身體呈俯臥支撐狀，側向行進 15～20 公尺。（圖 2-66）

【注意事項】手臂伸直，不能弓（塌）腰翹臀，身體盡量在一條線上，手腳節奏一致。

【練習目的】鍛鍊上下肢的力量。

47. 側向支撐前進（結合軟梯）

1

2

3

圖 2-67　側向支撐前進練習

【動作方法】側向站於訓練器前方，繩索掛在身體後腰正中位置。身體呈俯臥支撐狀，雙手置於第一個格外，前手移入第一個格子內，同時同側腳平移一步，觸地瞬間後手、後腳跟進，依次側向行進到軟梯末端。（圖 2-67）

【注意事項】手臂伸直，不能弓（塌）腰翹臀，身體盡量在一條線上，有節奏地在軟梯裡前進，盡量不接觸軟梯，手腳節奏一致。

【練習目的】鍛鍊上下肢的力量。

48. 側向前交叉支撐前進（結合軟梯）

1

2

3

圖 2-68　側向前交叉支撐前進練習

【動作方法】側向站於訓練器前方，繩索掛在身體後腰正中位置。身體呈俯臥支撐狀，前手不動，後手繞過前手前方，向相同體側方向迅速移到下一格中，落地時與前手成交叉狀，隨即前手順勢移到下一格中還原至初始姿勢，雙腿隨雙臂邁步，循環側向移動到軟梯末端。（圖 2-68）

【注意事項】手臂伸直，不能弓（塌）腰翹臀，身體盡量在一條線上，有節奏地在軟梯裡前進，盡量不接觸軟梯，手腳節奏一致。

【練習目的】增加練習的趣味性，提高上下肢的力量以及身體的協調性。

49. 俯臥支撐前進兼俯臥撐（結合軟梯）

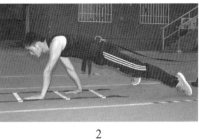

1

2

3

4

圖 2-69　俯臥支撐前進兼俯臥撐練習

【動作方法】正向站於訓練器前方，繩索掛在身體後腰正中位置。身體成俯臥支撐狀，先做一下俯臥撐，力量大的可以做直角俯臥撐，隨即兩手依次移到下一格中，雙腳配合雙手向前移動，循環向前移動到軟梯末端。（圖 2-69）

【注意事項】手臂伸直，不能弓（塌）腰翹臀，身體盡量在一條線上，做俯臥撐時要在能力範圍內做規範。

【訓練目的】鍛鍊腹外斜肌、肱三頭肌、胸肌、三角肌，提高身體的協調性。

50. 彈力帶上肢下肢側向俯臥支撐前進（結合軟梯）

1　2

3

圖 2-70　彈力帶上肢下肢側向俯臥支撐前進練習

【動作方法】側向站於訓練器前方，繩索掛在身體後腰正中位置。把兩個小彈力帶分別套在手腕和腳踝上，雙手置於第一個格外，前手移入第一個格子內，同時同側腳平移一步，觸地瞬間後手、後腳跟進，依次側向行進到軟梯末端。（圖 2-70）

【注意事項】手臂伸直，不能弓（塌）腰翹臀，身體盡量在一條線上，有節奏地在軟梯裡前進，盡量不接觸軟梯，手腳節奏一致，軟梯間的距離可適當調小。

【練習目的】鍛鍊上下肢的力量。

51. 側向雙臂前進

1

2

圖 2-71　側向雙臂前進練習

【動作方法】側向站於訓練器前方，繩索掛在身體後腰正中位置。一人輔助練習，抬起練習者雙腳，練習者的身體呈俯臥支撐狀，側向快速行進 15～20 公尺。（圖 2-71）

【注意事項】手臂伸直，不能弓（塌）腰翹臀，身體盡量在一條線上，移動距離小，節奏快。

【練習目的】發展上肢力量。

52. 側向雙臂前進兼俯臥撐

1   2

3

圖 2-72　側向雙臂前進兼俯臥撐練習

【動作方法】側向站於訓練器前方，繩索掛在身體後腰正中位置。一人輔助練習，抬起練習者雙腳，練習者的身體呈俯臥支撐狀，雙手向側移動兩下做一下俯臥撐，循環側向行進 15～20 公尺。（圖 2-72）

【注意事項】手臂伸直，不能弓（塌）腰翹臀，身體盡量在一條線上，俯臥撐動作標準，移動距離小，節奏快。

【練習目的】發展上肢力量。

四 結合其他器械的抗阻練習

（一）結合實心球

53. 向前弓步走雙手前推實心球（球出手）

1　　　　　　　　　　　2

3

圖 2-73　向前弓步走雙手前推實心球練習

【**動作方法**】正向站於訓練器前方，繩索掛在身體後腰正中位置。雙手持實心球放於胸前，右腳向前快速邁步至大腿與地面約呈

45°，同時左腿用力蹬伸至自然伸直，前腳掌扒地，雙臂在雙腿起動的同時向前推出，手臂伸直，手指撥球，雙手外翻，球出手，此時上體稍前傾，一人輔助練習把球推到練習者所在位置，練習者拿到球後重複剛才的動作，循環向前做 6～10 步。做完一遍換腿再做一遍。（圖 2-73）

【注意事項】動作聯貫，雙腿雙臂的動作是同時做的，不能分解；動作迅速有力，有制動。

【練習目的】發展上下肢力量，提高腿部的蹬伸能力。

54. 向前弓步走雙手前拋實心球（球出手）

1

2

3

圖 2-74　向前弓步走雙手前拋實心球練習

【動作方法】正向站於訓練器前方，繩索掛在身體後腰正中位

抗阻組合訓練

置。雙手持實心球自然放於頭後，右腳向前快速邁步至大腿與地面約呈 45°，同時左腿用力蹬伸至自然伸直，前腳掌扒地，雙臂在雙腿起動的同時放於頭後向前拋出，手臂伸直，手指撥球下壓，球出手，此時上體稍前傾，一人輔助練習把球推到練習者所在位置，練習者拿到球後重複剛才的動作，循環向前做 6～10 步。做完一遍換腿再做一遍。（圖 2-74）

【注意事項】動作聯貫，雙腿雙臂的動作是同時做的，不能分解；動作迅速有力，有制動。

【練習目的】發展上下肢力量，提高腿部的蹬伸能力。

55. 向前弓步走雙手前推實心球（球不出手）

1

2

圖 2-75　向前弓步走雙手前推實心球練習

【動作方法】正向站於訓練器前方，繩索掛在身體後腰正中位置。雙手持實心球放於胸前，右腳向前快速邁步至大腿與地面約呈45°，同時左腿用力蹬伸至自然伸直，前腳掌扒地，雙臂在雙腿起動的同時向前推出，手臂伸直，球不出手，此時上體稍前傾，隨即左腿向前邁一步，同時手臂收回至體前，循環向前做 10～15 步。做完一遍換腿再做一遍。（圖 2-75）

【注意事項】動作聯貫，雙腿雙臂的動作是同時做的，不能分解；動作迅速有力，有制動。

【練習目的】發展上下肢力量，提高腿部的蹬伸能力。

56. 向前推實心球雙足穩定蹬伸跳躍

1　　　　　　　　　　　2

圖 2-76　向前推實心球雙足穩定蹬伸跳躍練習

【動作方法】正向站於訓練器前方，繩索掛在身體後腰正中位置。上體前傾，身體呈半蹲姿勢，雙手持球放於胸前，用力向前上方跳起，同時手臂向前上方推出，球不出手。

到最高點時手臂雙腿同時向後伸展到最大限度，挺胸展髖，成展體姿勢，落地時還原成準備姿勢，穩定後繼續跳躍，循環向前行進 15～20 公尺。（圖 2-76）

【注意事項】騰空時手臂不要彎曲，腿不要屈膝，動作幅度大。

【訓練目的】提高上肢及腿部力量，鍛鍊腰腹肌，靈活髖關節。

57. 側向實心球雙足穩定蹬伸跳躍

1   2

圖 2-77　側向實心球雙足穩定蹬伸跳躍練習

【動作方法】側向站於訓練器前方，繩索掛在身體後腰正中位置。上體前傾，身體呈半蹲姿勢，雙手持球放於胸前，用力向前上方跳起，同時手臂向前上方推出，球不出手。

到最高點時手臂雙腿同時向後伸展到最大限度，挺胸展髖，成展體姿勢，落地時還原成準備姿勢，穩定後繼續跳躍，循環側向行進 15～20 公尺。（圖 2-77）

【注意事項】騰空時手臂不要彎曲，腿不要屈膝，動作幅度大。

【訓練目的】提高上肢及腿部力量，鍛鍊腰腹肌，靈活髖關節。

58. 向前推實心球雙足持續蹬伸跳躍

1

2

圖 2-78　向前推實心球雙足持續蹬伸跳躍練習

　　【動作方法】正向站於訓練器前方，繩索掛在身體後腰正中位置。上體前傾，身體呈微半蹲姿勢，雙手持球放於胸前，用力向前上方跳起，同時手臂向前上方推出，球不出手。到最高點時手臂雙腿同時向後伸展，挺胸展髖，成展體姿勢，落地時還原成準備姿勢，隨即繼續跳躍，循環向前行進 15～20 公尺。（圖 2-78）

　　【注意事項】騰空時手臂不要彎曲，腿不要屈膝，動作幅度小，落地時起跳要迅速。

　　【訓練目的】提高上肢及腿部力量，鍛鍊腰腹肌，靈活髖關節。

59. 側向實心球雙足持續蹬伸跳躍

1

2

圖 2-79　側向實心球雙足持續蹬伸跳躍練習

【動作方法】側向站於訓練器前方，繩索掛在身體後腰正中位置。上體前傾，身體呈微半蹲姿勢，雙手持球放於胸前，用力向前上方跳起，同時手臂向前上方推出，球不出手。到最高點時手臂雙腿同時向後伸展，挺胸展髖，成展體姿勢，落地時還原成準備姿勢，隨即繼續跳躍，循環側向行進 15～20 公尺。（圖 2-79）

【注意事項】騰空時手臂不要彎曲，腿不要屈膝，動作幅度小，落地時起跳要迅速。

【訓練目的】提高上肢及腿部力量，鍛鍊腰腹肌，靈活髖關節。

60. 向前弓步走轉體震兩次

1

2

圖 2-80　向前弓步走轉體震兩次練習

【動作方法】正向站於訓練器前方,繩索掛在身體後腰正中位置。上體正直,雙手持實心球自然放於胸前,右腳向前邁步至大腿與地面約呈 45°,同時左腿蹬伸至自然伸直,前腳掌著地,在雙腿起動的同時上體向右後轉體至最大限度震動兩次,隨即左腿向前邁步至大腿與地面約呈 45°,同時右腿蹬伸至自然伸直,前腳掌著地,在雙腿起動的同時上體向左後轉體至最大限度震動兩次,依次循環向前行進 10～20 公尺。(圖 2-80)

【注意事項】動作幅度大,身體要放鬆。

【練習目的】發展下肢力量,靈活髖關節,拉伸肩肘。

61. 持球單手轉體

1

2

3

4

圖 2-81　持球單手轉體練習

　　【動作方法】側向站於訓練器前方，繩索掛在身體後腰正中位置。上體保持正直，雙腳左右開立約為肩寬的兩倍，身體呈半蹲姿勢，後側手臂伸直單手持球向後轉到做大限度，隨即身體向前腿方向前轉 180°，轉動時將球傳到另一隻手中，後側手臂繼續伸直單手持球向後轉到最大限度，上體和頭不要隨臂轉動，循環依次進行，完成 10～15 次。（圖 2-81）

　　【注意事項】重心穩定，不要起伏。

　　【訓練目的】發展股二頭肌、股四頭肌、腹直肌、腹外斜肌、背闊肌和臀大肌肌力。

（二）結合小欄架

62. 高抬腿

1   2

圖 2-82 結合小欄架高抬腿練習

【器材】除了抗阻速度訓練器外，10 公分高度低欄架 10 個，距離均為 50 公分擺放於一條直線上。

【動作方法】正向站於訓練器前方，繩索掛在身體後腰正中位置。雙腳置於第一個低欄架外面，上體稍前傾，擺動腿的大腿積極向前上方擺至水平位置，帶動同側髖稍向前，同時另一腿大腿要積極地下壓，重心提起，前腳掌著地，一步一格，雙腿交替向前行進，雙臂配合雙腿前後擺動。（圖 2-82）

【注意事項】繩索阻力因人而異，以不影響動作準確性為準，上體不要後仰，支撐腿的踝關節要起到緩衝的作用，盡量不要碰到欄架。

【訓練目的】提高下肢肌肉群的蹬、撐能力，鍛鍊腿部力量，增加身體的控制力。

63. 側向高抬腿

1   2

圖 2-83　結合小欄架側向高抬腿練習

【**器材**】除了抗阻速度訓練器外，10 公分高度低欄架 10 個，距離均為 50 公分擺放於一條直線上。

【**動作方法**】側向站於訓練器前方，繩索掛在身體後腰正中位置。雙腳置於第一個低欄架外面，上體稍前傾，擺動腿的大腿積極向前上方擺至水平位置，帶動同側髖稍向前，同時另一腿大腿要積極地下壓，重心提起，前腳掌著地，一步一格，雙腿交替側向行進，雙臂配合雙腿前後擺動。（圖 2-83）

【**注意事項**】繩索阻力因人而異，以不影響動作準確性為準，上體不要後仰，支撐腿的踝關節要起到緩衝的作用，盡量不要碰倒欄架。

【**訓練目的**】提高下肢肌肉群的蹬、撐能力，鍛鍊腿部力量，增加身體的控制力。

64. 墊步高抬腿

3

圖 2-84　結合小欄架墊步高抬腿練習

　　【器材】除了抗阻速度訓練器外，10 公分高度低欄架 10 個，距離均為 50 公分擺放於一條直線上。

　　【動作方法】正向站於訓練器前方，繩索掛在身體後腰正中位置。上體稍前傾，擺動腿的大腿積極向前上方擺至水平位置，帶動同側髖稍向前，同時另一腿大腿要積極地下壓，重心提起，前腳掌著地，與此同時支撐腿迅速原地墊步一次，一步一格，雙腿交替向前進行，雙臂配合雙腿前後擺動。（圖 2-84）

【注意事項】繩索阻力因人而異，以不影響動作準確性為準，上體不要後仰，支撐腿的踝關節要起到緩衝的作用，墊步時要迅速，盡量不要碰倒欄架。

【訓練目的】提高下肢肌肉群的蹬、撐能力，鍛鍊腿部力量。

65. 高頻跑

1　　　　　　　　　　　　　2

圖 2-85　結合小欄架高頻跑練習

【器材】除了抗阻速度訓練器外，10 公分高度低欄架 10 個，距離均為 50 公分擺放於一條直線上。

【動作方法】正向站於訓練器前方，繩索掛在身體後腰正中位置。上體稍前傾，擺動腿的大腿向前上方擺至與地面約成 45°角的位置，同時另一腿大腿要積極下壓，重心提起，前腳掌迅速著地，一步一格，雙腿交替快速向前跑動，雙臂配合雙腿前後自然擺動。（圖 2-85）

【注意事項】繩索阻力因人而異，以不影響動作準確性為準，阻力盡量調小，支撐腿迅速蹬地擺腿，步幅小，頻率快，盡量不要碰倒欄架。

【訓練目的】提高下肢肌肉群的蹬地能力，發展速率。

66. 漸增步幅跑

1   2

3

圖 2-86　結合小欄架漸增步幅跑練習

【器材】除了抗阻速度訓練器外，10 公分高度低欄架 10 個，按前兩個欄架的欄距 50 公分，後面的欄距依次遞增 10 公分放置於一條直線上。

【動作方法】正向站於訓練器前方，繩索掛在身體後腰正中位置。正對欄架，上體前傾，向前跑動，雙臂配合自然擺動，一步一格。（圖 2-86）

【注意事項】擺動腿積極上抬，支撐腿扒地。

【訓練目的】加強身體控制力。

67. 正向欄側單腿下壓跑

1   2

圖 2-87　結合小欄架正向欄側單腿下壓跑練習

【器材】除了抗阻速度訓練器外，10 公分高度低欄架 10 個，按欄間距離均為 40 公分擺放於一條直線上。

【動作方法】正向站於訓練器前方，欄架一側，繩索掛在身體後腰正中位置。上體稍前傾，一腿大腿高抬至約與地面平行，積極下壓落地，前腳掌迅速扒地，另一腿配合自然向前拖動，一步一格循環向前行進，雙臂配合自然擺動。（圖 2-87）

【注意事項】繩索阻力因人而異，以不影響動作準確性為準，步幅小，頻率快，扒地迅速有力。

【訓練目的】鍛鍊腰肌、前腳掌扒地能力，提高身體協調性。

68. 側向欄側單腿下壓跑

1   2

圖 2-88　結合小欄架側向欄側單腿下壓跑練習

【器材】除了抗阻速度訓練器外，10 公分高度低欄架 10 個，按欄間距離均為 40 公分擺放於一條直線上。

【動作方法】側向站於訓練器前方，側對欄架站於欄架外側，繩索掛在身體後腰正中位置。上體稍前傾，一腿大腿高抬至約與地面平行，積極下壓落地，前腳掌迅速扒地，另一腿配合自然向側拖動，一步一格循環側向行進，雙臂配合自然擺動。（圖 2-88）

【注意事項】繩索阻力因人而異，以不影響動作準確性為準，步幅小，頻率快，扒地迅速有力。

【訓練目的】鍛鍊腰肌、前腳掌扒地能力，提高身體協調性。

69. 正向雙足穩定跳

圖 2-89　結合小欄架正向雙足穩定跳練習

【器材】除了抗阻速度訓練器外，10 公分高度低欄架 10 個，
按欄間距離均為 40 公分擺放於一條直線上。

【動作方法】正向站於訓練器前方，繩索掛在身體後腰正中位
置。正對欄架，上體前傾，雙臂放鬆後擺，半屈膝，向前上方跳躍
進入到第一個格裡，落地穩定住並還原成起始姿勢，雙臂配合自然
擺動，依次向前跳至欄尾。（圖 2-89）

【注意事項】雙腳同時蹬地發力，騰空時身體放鬆，無需跳太
高，以越過欄架為準，保持身體穩定性。

【練習目的】加強下肢力量，提高身體協調性。

70. 正向雙足墊步跳

1

2

3

4

圖 2-90　結合小欄架正向雙足墊步跳練習

【器材】除了抗阻速度訓練器外，10 公分高度低欄架 10 個，按欄間距離均為 40 公分擺放於一條直線上。

【動作方法】正向站於訓練器前方，繩索掛在身體後腰正中位置。正對欄架，上體前傾，雙臂放鬆後擺，半屈膝，向前上方跳躍進入到第一個格裡，落地瞬間迅速原地墊步一次，隨即還原成起始姿勢，雙臂配合自然擺動，依次循環向前跳至欄尾。（圖 2-90）

【注意事項】雙腳同時蹬地發力，騰空時身體放鬆，無需跳太高，以越過欄架為準，墊步時前腳掌著地，身體姿勢盡量不變，重心低且不能起伏，越快越好。

【練習目的】加強下肢力量，提高身體協調性。

71. 正向雙足連續跳

1　　　　　　　　　　2

3

圖 2-91　結合小欄架正向雙足連續跳練習

【器材】除了抗阻速度訓練器外，10 公分高度低欄架 10 個，按欄間距離均為 40 公分擺放於一條直線上。

【動作方法】正向站於訓練器前方，繩索掛在身體後腰正中位置。正對欄架，上體稍前傾，微屈膝，向前上方跳躍行進，前腳掌著地，雙腳點地即起，一跳一格，雙臂自然屈肘配合上下擺動，依次向前跳至欄尾。（圖 2-91）

【注意事項】雙腳同時蹬地發力，前腳掌著地，騰空時身體放鬆，高度以越過欄架為準，越低越好，幅度小，頻率快。

【練習目的】加強下肢力量，提高身體協調性。

72. 側向雙足穩定跳

1

2

3

4

圖 2-92　結合小欄架側向雙足穩定跳練習

【器材】除了抗阻速度訓練器外，10 公分高度低欄架 10 個，按欄間距離均為 40 公分擺放於一條直線上。

【動作方法】側向站於訓練器前方，繩索掛在身體後腰正中位置。側對欄架，上體前傾，雙臂放鬆後擺，半屈膝，向側上方跳躍進入到第一個格裡，落地穩定住並還原成起始姿勢，雙臂配合自然擺動，依次側向跳至欄尾。（圖 2-92）

【注意事項】雙腳同時蹬地發力，騰空時身體放鬆，無需跳太高，以越過欄架為準，保持身體穩定性。

【練習目的】加強下肢力量，提高身體協調性。

73. 側向雙足墊步跳

1   2

3

圖 2-93　結合小欄架側向雙足墊步跳練習

【器材】除了抗阻速度訓練器外，10 公分高度低欄架 10 個，按欄間距離均為 40 公分擺放於一條直線上。

【動作方法】側向站於訓練器前方，繩索掛在身體後腰正中位置。側對欄架，上體前傾，雙臂放鬆後擺，半屈膝，向側上方跳躍進入到第一個格裡，落地瞬間迅速原地墊步一次，隨即還原成起始姿勢，雙臂配合自然擺動，依次循環側向跳至欄尾。（圖 2-93）

【注意事項】雙腳同時蹬地發力，騰空時身體放鬆，無需跳太高，以越過欄架為準，墊步時前腳掌著地，身體姿勢盡量不變，重心低且不能起伏，越快越好。

【練習目的】加強下肢力量，提高身體協調性。

74. 側向雙足連續跳

1

2

3

圖 2-94　結合小欄架側向雙足連續跳練習

【器材】除了抗阻速度訓練器外，10 公分高度低欄架 10 個，距離均為 40 公分擺放於一條直線上。

【動作方法】側向站於訓練器前方，繩索掛在身體後腰正中位置。側對欄架，上體稍前傾，微屈膝，向側上方跳躍側向行進，前腳掌著地，雙腳點地即起，一跳一格，雙臂自然屈肘配合上下擺動，依次側向跳至欄尾。（圖 2-94）

【注意事項】雙腳同時蹬地發力，前腳掌著地，騰空時身體放鬆，高度以越過欄架為準，越低越好，幅度小，頻率快。

【練習目的】加強下肢力量，提高身體協調性。

抗阻組合訓練

75. 正向單足穩定跳

1

2

3

圖 2-95　結合小欄架正向單足穩定跳練習

【器材】除了抗阻速度訓練器外，10 公分高度低欄架 10 個，按欄間距離均為 40 公分擺放於一條直線上。

【動作方法】正向站於訓練器前方，繩索掛在身體後腰正中位置。正對欄架，上體前傾，雙臂放鬆後擺，單腿支撐半屈膝，另一條腿抬起屈膝放鬆，向前上方跳躍進入到第一個格裡，落地穩定住並還原成起始姿勢，雙臂配合自然擺動，依次向前跳至欄尾。（圖 2-95）

【注意事項】重心盡量低，騰空時身體放鬆，無需跳太高，以

越過欄架為準，保持身體穩定性。

【練習目的】加強下肢力量，提高身體協調性和穩定性。

76. 正向單足墊步跳

1

2

3

圖 2-96　結合小欄架正向單足墊步跳練習

【器材】除了抗阻速度訓練器外，10 公分高度低欄架 10 個，按欄間距離均為 40 公分擺放於一條直線上。

【動作方法】正向站於訓練器前方，繩索掛在身體後腰正中位置。正對欄架，上體前傾，雙臂放鬆後擺，單腿支撐半屈膝，另一條腿抬起屈膝放鬆，向前上方跳躍進入到第一個格裡，落地瞬間支

撐腳迅速原地墊步一次，隨即還原成起始姿勢，雙臂配合自然擺動，依次循環向前跳至欄尾。（圖 2-96）

【注意事項】重心盡量低，騰空時身體放鬆，無需跳太高，以越過欄架為準，墊步時身體姿勢盡量不變，重心低且不能起伏，越快越好。

【練習目的】加強下肢力量，提高身體協調性和穩定性。

77. 正向單足連續跳

1

2

3

圖 2-97　結合小欄架正向單足連續跳練習

【**器材**】除了抗阻速度訓練器外，10 公分高度低欄架 10 個，按欄間距離均為 40 公分擺放於一條直線上。

【**動作方法**】正向站於訓練器前方，繩索掛在身體後腰正中位置。正對欄架，上體前傾，雙臂放鬆後擺，單腿支撐微屈膝，另一條腿抬起屈膝放鬆，向前上方跳躍前進，單腳著地即起，一跳一格，雙臂配合自然擺動，依次向前跳至欄尾。（圖 2-97）

【**注意事項**】騰空時身體放鬆，無需跳太高，以越過欄架為準。

【**練習目的**】提高下肢力量，加強身體協調性。

78. 側向單足穩定跳

圖 2-98　結合小欄架側向單足穩定跳練習

【**器材**】除了抗阻速度訓練器外，10 公分高度低欄架 10 個，按欄間距離均為 40 公分擺放於一條直線上。

【**動作方法**】側向站於訓練器前方，繩索掛在身體後腰正中位置。側對欄架，上體前傾，雙臂放鬆後擺，右腿支撐半屈膝，左腿抬起屈膝放鬆，向側上方跳躍進入到第一個格裡，落地穩定住並還原成起始姿勢，右臂配合自然擺動，左臂叉腰，依次側向跳至欄尾。（圖 2-98）

【注意事項】重心盡量低，騰空時身體放鬆，無需跳太高，以越過欄架為準，保持身體穩定性。

【練習目的】加強下肢力量，提高身體協調性和穩定性。

79. 側向單足連續跳

1   2

圖 2-99 結合小欄架側向單足連續跳練習

【器材】除了抗阻速度訓練器外，10 公分高度低欄架 10 個，按欄間距離均為 40 公分擺放於一條直線上。

【動作方法】側向站於訓練器前方，繩索掛在身體後腰正中位置。側對欄架，上體前傾，雙臂放鬆後擺，單腿支撐微屈膝，另一條腿抬起屈膝放鬆，向側上方跳躍前進，單腳著地即起，一跳一格，雙臂配合自然擺動，依次側向跳至欄尾。（圖 2-99）

【注意事項】騰空時身體放鬆，無需跳太高，以越過欄架為準。

【練習目的】加強下肢力量，提高身體協調性。

80. Z 形雙足跳

1 　　　　　　　　　　　　 2

圖 2-100　結合小欄架 Z 形雙足跳練習

【器材】除了抗阻速度訓練器外，10 公分高度低欄架 10 個，按 Z 形擺放。

【動作方法】正向站於訓練器前方，繩索掛在身體後腰正中位置。正對欄架，上體稍前傾，雙手叉腰，微屈膝，按照擺放的 Z 形繞欄架連續跳躍，前腳掌著地，雙腳點地即起，依次跳至欄尾。（圖 2-100）

【注意事項】雙腳同時蹬地發力，前腳掌著地，騰空時身體放鬆，高度以越過欄架為準，越低越好，動作幅度小，頻率快。

【練習目的】發展下肢力量，增加練習的趣味性。

81. Z 形雙足側向跳

1   2

圖 2-101　結合小欄架 Z 形雙足側向跳練習

【器材】除了抗阻速度訓練器外，10 公分高度低欄架 10 個，按 Z 形擺放。

【動作方法】側向站於訓練器前方，繩索掛在身體後腰正中位置。側對欄架，上體稍前傾，雙手叉腰，微屈膝，按照擺放的 Z 形繞欄架連續跳躍，前腳掌著地，雙腳點地即起，依次跳至欄尾。（圖 2-101）

【注意事項】雙腳同時蹬地發力，前腳掌著地，騰空時身體放鬆，高度以越過欄架為準，越低越好，動作幅度小，頻率快。

【練習目的】發展下肢力量，增加練習的趣味性。

82. Z 形單足跳

1   2

3

圖 2-102　結合小欄架 Z 形單足跳練習

　　【器材】除了抗阻速度訓練器外，10 公分高度低欄架 10 個，按 Z 形擺放。

　　【動作方法】正向站於訓練器前方，繩索掛在身體後腰正中位置。正對欄架，上體前傾，雙手叉腰，單腿支撐微屈膝，另一條腿抬起屈膝放鬆，按照擺放的 Z 形繞欄架依次連續跳躍至欄尾。（圖 2-102）

　　【注意事項】騰空時身體不要打開，動作快速有力。

　　【練習目的】發展下肢力量，增加練習的趣味性。

83. Z 形單足跨步跳

圖 2-103　結合小欄架 Z 形單足跨步跳練習

【器材】除了抗阻速度訓練器外，10 公分高度低欄架 10 個，按欄間距離均為 40 公分擺放於一條直線上。

【動作方法】正向站於訓練器前方，正對欄架距第一個欄架 40 公分處，繩索掛在身體後腰正中位置。上體前傾，右腿向第一個欄架最右端跨出，落地同時左腳尖點地，隨即跨向第二個欄的最左端，落地同時右腳尖點地，隨即跨向第三個欄的最右端，循環向前行進。（圖 2-103）

【注意事項】不要踩或碰到欄架，跨步時要迅速有力，腳尖點地時要輕快自如。

【練習目的】鍛鍊下肢力量和身體協調能力。

（三）結合軟梯

84. 小步跑

1   2

圖 2-104　結合軟梯小步跑練習

【動作方法】正向站於訓練器前方，繩索掛在身體後腰正中位置。正對軟梯，上體稍前傾，兩臂前後自然擺動。一腿膝關節向前擺動，髖關節稍有轉動，同時另一腿大腿積極下壓，前腳掌扒地，著地時膝關節伸直，後腳跟提起，一步一格，兩腳交替進行。（圖2-104）

【注意事項】繩索阻力因人而異，以不影響動作準確性為準，建議阻力要盡量小，步幅小，頻率快，動作過程中膝關節要有彈性。

【訓練目的】鍛鍊腰肌、腓腸肌，發展速率，提高身體的靈活性和協調性。

85. 側向小步跑

1

2

3

圖 2-105　結合軟梯側向小步跑練習

【動作方法】側向站於訓練器前方，繩索掛在身體後腰正中位置。側對軟梯，上體稍前傾，兩臂前後自然擺動。一腿膝關節向前擺動，髖關節稍有轉動，同時另一腿大腿積極下壓，前腳掌扒地，著地時膝關節伸直，後腳跟提起，一步一格，兩腳交替側向行進。（圖 2-105）

【注意事項】繩索阻力因人而異，以不影響動作準確性為準，

建議阻力要盡量小，步幅小，頻率快，動作過程中膝關節要有彈性。

【訓練目的】鍛鍊腰肌、腓腸肌，發展速率，提高身體的靈活性和協調性。

86. 高抬腿跑

1

2

圖 2-106　結合軟梯高抬腿跑練習

【動作方法】正向站於訓練器前方，繩索掛在身體後腰正中位置。正對軟梯站立，上體稍前傾，擺動腿的大腿積極向前上方擺至水平位置，帶動同側髖稍向前，同時另一腿大腿要積極地下壓，重

心提起，前腳掌著地，一步一格，雙腿交替向前進行，雙臂配合雙腿前後擺動。（圖 2-106）

【注意事項】繩索阻力因人而異，以不影響動作準確性為準，上體不要後仰，支撐腿的踝關節要起到緩衝的作用。

【訓練目的】提高下肢肌肉群的蹬、撐能力，鍛鍊腿部力量。

87. 墊步高抬腿跑

1　　　　　　　　　　　　　　2

圖 2-107　　結合軟梯墊步高抬腿跑練習

【動作方法】正向站於訓練器前方，繩索掛在身體後腰正中位置。正對軟梯站立，上體稍前傾，擺動腿的大腿積極向前上方擺至水平位置，帶動同側髖稍向前，同時另一腿大腿要積極地下壓，重心提起，前腳掌著地，與此同時支撐腿迅速原地墊步一次，一步一格，雙腿交替向前進行，雙臂配合雙腿前後擺動。（圖 2-107）

【注意事項】繩索阻力因人而異，以不影響動作準確性為準，上體不要後仰，支撐腿的踝關節要起到緩衝的作用，墊步時要迅速。

【訓練目的】提高下肢肌肉群的蹬、撐能力，鍛鍊腿部力量。

88. 高抬腿框內框外前移

1

2

3

圖 2-108　結合軟梯高抬腿框內框外前移練習

【動作方法】正向站於訓練器前方，繩索掛在身體後腰正中位置。站於軟梯的第一個格子裡，上體稍前傾，擺動腿的大腿積極向前上方擺至水平位置，帶動同側髖稍向前，邁向同側框外同時，另一腿大腿要積極地下壓，重心提起，前腳掌著地，按照前面的動作要求兩腿依次高抬到第一個格的框外，落地瞬間再依次抬到第二個格裡，循環向前行進，雙臂配合雙腿擺動。（圖 2-108）

【注意事項】盡量不要踩到軟梯，身體不要後仰，腳掌與地面接觸的時間越短越好。

【練習目的】提高變向移動速度，增加腳下的靈活性。

89. 急停墊步走

1

2

3

4

圖 2-109　結合軟梯急停墊步走練習

【動作方法】正向站於訓練器前方，繩索掛在身體後腰正中位置。正對軟梯，雙臂配合自然擺動，向前跑兩步，一步一格，到第三個格子兩腳依次墊步，依次循環前進。（圖 2-109）

【注意事項】節奏變換要明顯，墊步迅速，前腳掌著地且與地面接觸的時間越短越好。

【練習目的】發展急停加速能力，加強移動步法的準確可控性。

90. 側向進退步

1　　　　　　　　　　2

3　　　　　　　　　　4

圖 2-110　結合軟梯側向進退步練習

　　【練習方法】側向站於訓練器前方，繩索掛在身體後腰正中位置。側對軟梯站立，手臂配合自然擺動，以右腳先行為例，右腳邁進第一個格子裡，隨即左腳跟進，右腳後退到框外，隨即左腳跟進，依次循環側向行進。（圖 2-110）

　　【注意事項】前腳掌著地，跟進時要迅速，步幅小，頻率高。
　　【練習目的】提高腳下的水平速率。

91. 正向框內框外前移

1

2

3

4

5

圖 2-111　結合軟梯正向框內框外前移練習

【動作方法】正向站於訓練器前方，繩索掛在身體後腰正中位置。正對軟梯，雙腳依次邁步，右腳移到第一個格子的右邊框外，左腳移動到左邊框外，前腳掌觸地瞬間，雙腳依次邁步到第二個格子裡。雙臂配合自然擺動，依次循環前進。（圖 2-111）

【注意事項】動作聯貫，節奏清晰，著地時間越短越好。

【練習目的】提高下肢靈活性。

92. 交叉步一步一框

1

2

3

4

圖 2-112　結合軟梯交叉步一步一框練習

【動作方法】側向站於訓練器前方，繩索掛在身體後腰正中位置。側對軟梯站立，雙臂成側平舉，髖關節後轉，後腳後交叉邁進

第一個格子，前腳順勢邁進第二個格子裡支撐，髖關節前轉，後腳前交叉邁進第三個格子，前腳順勢邁進第四個格子裡支撐，依次循環移動。（圖 2-112）

【**注意事項**】手臂應起到維持身體平衡的作用，髖的扭動帶動腳步，注意反方向的練習。

【**練習目的**】靈活髖關節，提高身體協調平衡能力。

93. 交叉步兩步一框

1

2

3

4

圖 2-113　結合軟梯交叉步兩步一框練習

【**動作方法**】側向站於訓練器前方，繩索掛在身體後腰正中位置。側對軟梯站立，雙臂成側平舉，髖關節前轉，後腳前交叉邁進

第一個格子，前腳跟進支撐，髖關節後轉，後腳後交叉邁進第二個格子，前腳跟進支撐，依次循環側向移動。（圖 2-113）

【注意事項】手臂應起到維持身體平衡的作用，注意反方向的練習。

【練習目的】靈活髖關節，提高身體協調平衡能力。

94. 交叉前移

1

2

3

4

圖 2-114　結合軟梯交叉前移練習

【動作方法】正向站於訓練器前方，繩索掛在身體後腰正中位置。正對軟梯站在第一個格子左側，左腳前交叉進入第一個格子，右腳繞過梯子邁到第二個格子的外側，左腳跟進放入左前方，右腳

前交叉邁進第二個格子，左腳繞過梯子邁到第三個格子的外側，右腳跟進放入右前方，依次循環進行。（圖 2-114）

【注意事項】動作要求聯貫無停頓，節奏要清晰。

【訓練目的】靈活髖關節，提高身體協調性。

95. 後交叉前移

1

2

3

4

圖 2-115　結合軟梯後交叉前移練習

【練習方法】正向站於訓練器前方，繩索掛在身體後腰正中位置。正對軟梯站在第一個格子左側，右腳向前一小步，左腳後交叉進入第一個格子，右腳繞過梯子邁到第二個格子的外側，左腳跟進放入左前方，右腳後交叉邁進第二個格子，左腳繞過梯子邁到第三

個格子的外側，右腳跟進放入右前方，依次循環行進。（圖 2-115）

【注意事項】動作要求聯貫無停頓，節奏要清晰。

【訓練目的】靈活髖關節，鍛鍊腳步的靈活性，提高身體協調性。

96. 內跨步

1

2

圖 2-116　結合軟梯內跨步練習

【練習方法】正向站於訓練器前方，繩索掛在身體後腰正中位

置。正對軟梯，兩腳前後開立，右腳在格子內，左腳在格子左後方，成半弓步，雙腳同時用力蹬地向右前方跳起，左腳落入下一個格子，右腳留在格子的後方，依次循環前進。（圖 2-116）

【注意事項】動作過程中逐漸增加速度，不低頭。

【訓練目的】發展下肢的爆發力。

97. 側向雙腳跳

1

2

圖 2-117　結合軟梯側向雙腳跳練習

【練習方法】側向站於訓練器前方，繩索掛在身體後腰正中位置。側對軟梯站立，雙腳自然分開，踝關節發力雙腳同時跳進第一個格子裡，前腳掌觸地瞬間爆發式跳進第二個格子裡，依次循環前進。（圖 2-117）

【注意事項】動作迅速有力，腳掌接觸地面時間越短越好。

【訓練目的】發展反應性肌肉力量。

98. 側向雙腳前後跳

1

2

3

4

圖 2-118　結合軟梯側向雙腳前後跳練習

【練習方法】側向站於訓練器前方，繩索掛在身體後腰正中位置。側對軟梯站在第一個格子的右前方，踝關節發力雙腳同時跳進第一個格子裡，落地瞬間向右後方跳到框外第一個格子與第二個格子中間的位置，隨即跳入第二個格子裡，落地瞬間向右後方跳到框外第二個格子與第三個格子中間的位置，依次循環前進。（圖2-118）

【注意事項】動作迅速有力，腳掌接觸地面時間越短越好。

【訓練目的】發展反應性肌肉力量。

99. 向前單腿停頓跳

1

2

3

圖 2-119　結合軟梯向前單腿停頓跳練習

【練習方法】正向站於訓練器前方，繩索掛在身體後腰正中位置。正對軟梯站立，單腳支撐，異側腿懸空，支撐腿用力向前上方跳起，落在第二個格子內，雙臂配合擺動，膝關節自然彎曲停頓一下，隨後跳入第四個格子內，一步兩格循環向前。（圖 2-119）

【注意事項】動作過程盡量維持身體平衡。

【訓練目的】提高落地起跳神經肌肉的協調能力。

100. 正向剪刀跳

1

2

圖 2-120　結合軟梯正向剪刀跳練習

【練習方法】正向站於訓練器前方，繩索掛在身體後腰正中位置。正對軟梯站立，雙腳同時用力蹬地起跳，空中兩腳迅速分開，右腳在前邁入第一個格子裡，左腳落在原地，再次跳起左腳進入第二個格子，右腳落在原地，雙臂配合擺動，依次循環向前。（圖 2-120）

【注意事項】動作輕快有彈性。

【訓練目的】靈活髖關節，提高下肢動作速率。

101. 側向剪刀跳

1

2

圖 2-121　結合軟梯側向剪刀跳練習

【練習方法】側向站於訓練器前方，繩索掛在身體後腰正中位置。側對軟梯站在第一個格子的右前方，雙腳同時用力蹬地起跳，空中兩腳迅速分開，右腳向前進入第一個格子裡，左腳落回原地，再次起跳，左腳進入第一個格子，右腳邁到第二個格子右外側，隨即繼續跳起，右腳進入第二個格子，左腳邁到第一個格子的右外側，手臂配合擺動，依次循環行進。（圖 2-121）

【注意事項】交換腿的頻率要快。

【訓練目的】提高下肢動作速率。

102. 雙腳轉髖跳

1

2

圖 2-122　結合軟梯雙腳轉髖 跳練習

【練習方法】正向站於訓練器前方，繩索掛在身體後腰正中位置。正對軟梯站立，雙腿前後交叉帶動髖轉動，左腳在前邁入第二個格子裡，右腳進入第一個格子，隨即右腳進入第三個格子，左腳落在原地，手臂側平舉維持身體平衡，依次循環向前。（圖 2-122）

【注意事項】注意與剪刀跳的區別，落地時髖關節前頂。

【訓練目的】靈活髖關節。

103. 單腳轉髖跳

1

2

3

4

圖 2-123　結合軟梯單腳轉髖跳練習

【練習方法】正向站於訓練器前方，繩索掛在身體後腰正中位置。正對軟梯站立，單腳支撐，異側腿自然懸空，支撐腳爆發式跳起在空中髖關節右轉，腳尖朝向右側落在第一個格子裡，觸地瞬間迅速跳起，髖關節左轉，腳尖朝前落在第二個格子裡，依次循環向前。（圖 2-123）

【注意事項】上體盡量正對前方，髖關節帶動腳步移動，換支撐腿向左轉再做一遍。

【訓練目的】提高踝關節力量，加強髖關節靈活性。

104. 弓步前交叉走

1　　　　　　　　　　2

3　　　　　　　　　　4

圖 2-124　結合軟梯弓步前交叉走練習

【練習方法】正向站於訓練器前方，繩索掛在身體後腰正中位置。正對軟梯站在第一個格子的右側，右腿高抬向左前方邁大步落在左邊框外，觸地瞬間右腳蹬轉，左腳向右前方邁大步落在右邊框外，手臂配合擺動，依次循環向前。（圖 2-124）

【注意事項】上體盡量朝前，髖關節充分轉動。

【訓練目的】發展平衡能力，提高髖關節靈活性。

105. 開合跳

1

2

3

4

圖 2-125　結合軟梯開合跳練習

　　【練習方法】正向站於訓練器前方，繩索掛在身體後腰正中位置。正對軟梯站立，手臂自然彎曲，雙腳同時跳起落在第一個格子框外兩側成左右開立，觸地瞬間跳起雙腳合併落在第二個格子裡，依次循環前進。（圖 2-125）

　　【注意事項】上體保持正直，動作迅速輕盈。
　　【訓練目的】提高下肢反應性力量。

106. 開合觸腳跳

1

2

3

4

5

圖 2-126　結合軟梯開合觸腳跳練習

【練習方法】正向站於訓練器前方，繩索掛在身體後腰正中位置。正對軟梯站立，兩腳自然開立，雙腳同時跳起，落在第一個格子框外的兩側，落地瞬間再次跳起，落入第一個格子內左腳支撐，右腿高抬膝關節外展，左手觸碰右腳踝，隨即雙腳打開落在第二個格子邊框外，換右腿支撐做同樣的動作，依次循環進行。（圖2-126）

【注意事項】背部盡量保持正直，高抬腿膝關節充分外展。

【訓練目的】提高下肢肌肉群的柔韌性。

107. 後退開合提膝跳

1

2

3

圖 2-127　結合軟梯後退開合提膝跳練習

【練習方法】背向站於訓練器前方，繩索掛在身體後腰正中位置。背對軟梯站立，兩腳自然開立，雙腳同時向後跳起，落在第一個格子框外的兩側，落地瞬間再次向後跳起，左腳支撐落於第一個格子裡，右腿屈膝自然前抬，換左腿前抬做同樣的動作，依次循環前進。（圖 2-127）

【注意事項】前抬腿的腳尖後勾，動作要有節奏。

【訓練目的】發展下肢動作的協調性和控制力。

（四）結合彈力帶

108. 牽拉雙腿小步向前走

1   2

圖 2-128　結合彈力帶牽拉雙腿小步向前走練習

【練習方法】正向站於訓練器前方，繩索掛在身體後腰正中位置。雙腳前後站立，髖膝微屈，腳尖朝前，彈力帶分別繞於兩腳踝上方並成緊繃狀態，後方腳不動，前方腳緩慢向前移動，落地瞬間後方腳跟進並還原至開始姿勢，依次循環前進 10～15 步。（圖 2-128）

【注意事項】上體稍前傾，彈力帶始終保持緊繃狀態，動作過程重心起伏越小越好。

【訓練目的】發展腓骨短肌、腓腸肌和股直肌肌力。

109. 牽拉雙腿小步向後走

1

2

圖 2-129　結合彈力帶牽拉雙腿小步向後走練習

【練習方法】背向站於訓練器前方，繩索掛在身體後腰正中位置。雙腳前後站立，髖膝微屈，腳尖朝前，彈力帶分別繞於兩腳踝上方並成緊繃狀態，前方腳不動，後方腳緩慢向後移動，落地瞬間前方腳後腿跟進並還原至開始姿勢，依次循環後退 10～15 步。(圖 2-129)

【注意事項】上體稍前傾，彈力帶始終保持緊繃狀態，動作過程重心起伏越小越好。

【訓練目的】發展脛骨前肌、腓腸肌和股直肌肌力。

110. 牽拉雙腿小步橫向移動

1

2

圖 2-130　結合彈力帶牽拉雙腿小步橫向移動練習

【練習方法】側向站於訓練器前方，繩索掛在身體後腰正中位置。雙腳左右開立與肩同寬，髖膝微屈，腳尖朝前，彈力帶分別繞於兩腳踝上方並成緊繃狀態，右腳不動，左腳緩慢向側移動，落地瞬間右腳跟進並還原至開始姿勢，依次循環前進 10～15 步。（圖2-130）

【注意事項】上體稍前傾，彈力帶始終保持緊繃狀態，動作過程重心起伏越小越好。

【訓練目的】發展腓骨長肌、股外側肌和趾長伸肌肌力。

（五）結合槓鈴桿

111. 前弓箭步走

1

2

圖 2-131　結合槓鈴桿前弓箭步走練習

【動作方法】正向站於訓練器前方，繩索掛在身體後腰正中位置。槓鈴桿抗於肩上，上體保持正直，兩臂後展抬頭挺胸，一腿向前方邁出一大步，同時膝關節彎曲至盡量與地面垂直，另一腿自然繃直，兩腿交替向前走 10～20 公尺。（圖 2-131）

【注意事項】重心在兩腿中間，兩腳均為前腳掌著地，步幅大。

【訓練目的】加強大腿肌肉力量及彈性。

112. 連續向前跳

圖 2-132　結合槓鈴桿連續向前跳練習

【動作方法】正向站於訓練器前方，繩索掛在身體後腰正中位置。槓鈴桿抗於肩上，上體保持正直，兩臂後展抬頭挺胸，連續向前上方快速跳躍，向前行進 10～20 公尺。（圖 2-132）

【注意事項】前腳掌著地，點地時微屈膝且點地即起，跳起時膝關節自然伸直放鬆，動作幅度小，頻率快。

【練習目的】發展踝關節力量。

113. 蹲姿連續跳

1

2

圖 2-133　結合槓鈴桿蹲姿連續跳練習

　　【動作方法】正向蹲於訓練器前方，繩索掛在身體後腰正中位置。槓鈴桿抗於肩上，上體前傾，兩臂自然後展，蹲姿連續向前上方跳躍，向前行進 10～20 公尺。（圖 2-133）

　　【注意事項】前腳掌著地，點地即起，重心盡量不要起伏，動作過程身體盡量不要伸展，保持蹲姿，幅度小，頻率快。

　　【練習目的】發展踝關節力量，增強身體的控制力。

（六）結合小啞鈴

114. 向前弓步走

圖 2-134　結合小啞鈴向前弓步走練習

　　【動作方法】正向站於訓練器前方，繩索掛在身體後腰正中位置。雙手各拿一個小啞鈴，兩臂隨腿大幅度前後擺動，上體保持正直，一腿向前方邁出一大步，同時膝關節彎曲至盡量與地面垂直，另一腿自然繃直，兩腿交替向前走 10～20 公尺。（圖 2-134）

　　【注意事項】重心在兩腿中間，兩腳均為前腳掌著地，步幅大。

　　【訓練目的】加強大腿肌肉力量及彈性。

抗阻組合訓練

115. 小步跑

1　　　　　　　　2

圖 2-135　結合小啞鈴小步跑練習

【**動作方法**】正向站於訓練器前方，繩索掛在身體後腰正中位置。上體稍前傾，雙手各拿一個小啞鈴，兩臂前後自然擺動，一腿膝關節向前擺動，髖關節稍有轉動，同時另一腿大腿積極地下壓，前腳掌扒地，著地時膝關節伸直，後腳跟提起，一步一格，兩腳交替向前行進 10～20 公尺。（圖 2-135）

【**注意事項**】繩索阻力因人而異，以不影響動作準確性為準，建議阻力要盡量小，步幅小，頻率快，動作過程中膝關節要有彈性。

【**訓練目的**】鍛鍊腰肌、腓腸肌，發展速率，提高身體的靈活性和協調性。

116. 快速雙腳跳

1

2

圖 2-136　結合小啞鈴快速雙腳跳練習

　　【動作方法】正向站於訓練器前方，繩索掛在身體後腰正中位置。上體保持正直，雙手各拿一個小啞鈴，兩臂自然屈肘同時上下擺動，連續向前上方快速跳躍，向前行進 10～20 公尺。（圖 2-136）

　　【注意事項】前腳掌著地，點地時微屈膝且點地即起，跳起時膝關節自然伸直放鬆，動作幅度小，頻率快。

　　【練習目的】發展踝關節力量。

參考文獻

[1] 李鴻江. 田徑 [M]. 北京：高等教育出版社，2013.

[2] 田麥久. 運動訓練學 [M]. 北京：高等教育出版社，2006.

[3] 張貴敏. 現代田徑運動教學與訓練 [M]. 北京：人民體育出版社，2005.

[4] 孟剛. 田徑 [M]. 北京：北京師範大學出版社，2008.

[5] 吳永海. 田徑訓練實用手冊 [M]. 北京：國家行政學院出版社，2012.

[6] 劉恭，劉愛霞，馬昕，張慧芳. 田徑教學與訓練 [M]. 蘭州：蘭州大學出版社，2012.

[7] 美國田徑運動協會. 美國田徑訓練指南 [M]. 劉江南，編譯. 北京：人民體育出版社，2002.

歡迎至本公司購買書籍

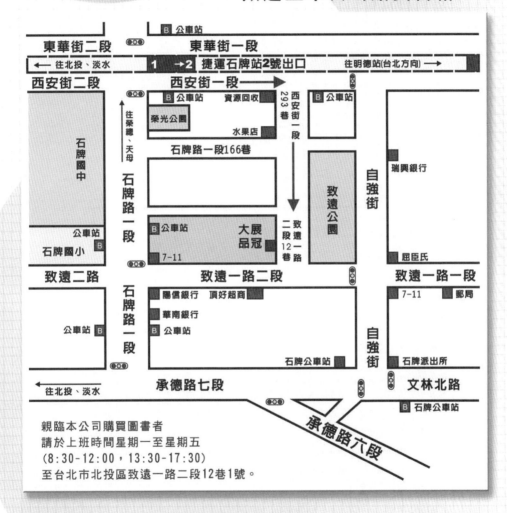

親臨本公司購買圖書者
請於上班時間星期一至星期五
（8：30-12：00，13：30-17：30）
至台北市北投區致遠一路二段12巷1號。

建議路線
1.搭乘捷運
　　淡水信義線石牌站下車，由月台上二號出口出站，二號出口出站後靠右邊，沿著捷運高架往台北
方向走(往明德站方向)，其街名為西安街，約80公尺後至西安街一段293巷進入(巷口有一公車站牌，
站名為自強街口，勿超過紅綠燈)，再步行約200公尺可達本公司，本公司面對致遠公園。

2.自行開車或騎車
　　由承德路接石牌路，看到陽信銀行右轉，此條即為致遠一路二段，在遇到自強街(紅綠燈)前的巷
子左轉，即可看到本公司招牌。

國家圖書館出版品預行編目資料

抗阻組合訓練／李建臣、周建梅、譚正則編著.
——初版，——臺北市，大展，2019 [民 108.02]
面；23公分—（體育教材；17）
ISBN　978-986-346-236-1（平裝附數位影音光碟）
1.運動訓練　2.體能訓練
528.923　　　　　　　　　　　　　　　107021847

抗阻組合訓練　附DVD

主 編 者／李建臣、周建梅、譚正則
責任編輯／王英峰
發 行 人／蔡森明
出 版 者／大展出版社有限公司
社　　　址／臺北市北投區（石牌）致遠一路 2 段 12 巷 1 號
電　　　話／（02）28236031，28236033，28233123
傳　　　真／（02）28272069
郵政劃撥／01669551
網　　　址／www.dah-jaan.com.tw
E-mail／service@dah-jaan.com.tw
登 記 證／局版臺業字第 2171 號
承 印 者／傳興印刷有限公司
裝　　　訂／眾友企業公司
排 版 者／菩薩蠻數位文化有限公司
授 權 者／人民體育出版社
初版 1 刷／2019 年（民 108）2 月

定價／400元

大展好書　好書大展
品嘗好書　冠群可期